本专著系2021年国家社科基金一般项目《文旅深度融合背景下文化遗产价值链活化与文化基因传承研究》（项目编号：21BGL262）研究成果；西安翻译学院2024年度学术著作出版资助项目研究成果。

传统与嬗变

文旅产业数智化发展与文化基因传承研究

王毅菲◎著

中国经济出版社
CHINA ECONOMIC PUBLISHING HOUSE
·北 京·

图书在版编目（CIP）数据

传统与嬗变：文旅产业数智化发展与文化基因传承研究 / 王毅菲著. -- 北京：中国经济出版社，2024. 12. -- ISBN 978-7-5136-8000-4

Ⅰ. F592. 3-39

中国国家版本馆 CIP 数据核字第 2024V5X192 号

责任编辑　杨元丽
责任印制　马小宾
封面设计　任燕飞设计工作室

出版发行　中国经济出版社
印 刷 者　北京艾普海德印刷有限公司
经 销 者　各地新华书店
开　　本　710mm×1000mm　1/16
印　　张　12. 5
字　　数　179 千字
版　　次　2024 年 12 月第 1 版
印　　次　2024 年 12 月第 1 次
定　　价　79. 00 元
广告经营许可证　京西工商广字第 8179 号

中国经济出版社　**网址** http://epc. sinopec. com/epc/　**社址** 北京市东城区安定门外大街 58 号　**邮编** 100011
本版图书如存在印装质量问题，请与本社销售中心联系调换（联系电话：010-57512564）

序 Preface

在全球化的大背景下，文化与旅游产业的融合与发展已成为推动经济增长和社会进步的重要力量。随着数字技术的迅猛发展，文旅产业正经历着一场前所未有的变革，这一变革不仅体现在产业形态和商业模式上，更深刻地影响着文化的传承与创新。本书正是在这样的时代背景下应运而生，旨在探讨和分析文旅产业在数智化浪潮中的发展趋势、存在的问题、面临的挑战，以及如何在这一变化过程中更好地保护和传承中华民族优秀传统文化基因。

本书首先对文旅产业融合与数智化发展以及文化基因传承的相关研究进行了系统而充分的梳理，并对理论成果进行了简要述评。随后，在理论研究的基础上对我国文旅产业数智化发展历程及现状进行概述及简要分析，明确了文旅产业在现代社会中的地位和作用，深入探究文旅产业转型升级关键期存在的薄弱环节与障碍因素。书中深入探讨了数智化技术如何重塑文旅产业的各个环节，通过对国内外成功案例的分析，本书揭示了数智化技术在提升文旅产业竞争力和满足消费者需求方面的潜力。通过搭建"双碳"引领、科技支撑、创新驱动的文旅产业高质量发展理论框架，寻求文旅产业数智化发展路径，实现基于游客体验的文化旅游资源活化。

同时，本书也深入关注了文化基因的传承问题。文化基因是民族文化的精髓，是民族精神的载体。在文旅产业数智化发展的过程中，如何保护和传承中华优秀传统文化基因，使之在新的社会环境中焕发新的生命力，是我们必须面对的挑战。书中以陕西文化遗产旅游智慧化发展为例，通过实证研究提出了一系列促进文化与旅游产业数智化转型升级发展与文化基因传承的有效策略和方法，旨在实现文化基因的有效传承和创新。

此外，本书还对文旅产业的未来发展趋势进行了展望，如数智化技术可能带来的新机遇和新挑战，并提出了相应的对策和建议。通过深入研究和积极探索，文旅产业能够在数智化的道路上实现可持续发展，为中华优秀传统文化基因的传承及其文化价值的国际化传播做出更大的贡献。

本书系2021年国家社科基金一般项目“文旅深度融合背景下文化遗产价值链活化与文化基因传承研究”（项目编号：21BGL262）的研究成果，在撰写本书的过程中，得到了众多学者、专家和业内人士的大力支持和帮助。他们的宝贵意见和丰富经验为本书的完成提供了重要的参考和指导，笔者对此表示衷心的感谢！

最后，希望本书能够为文旅产业的从业者、研究者以及对文旅产业感兴趣的读者提供有价值的参考和启发，为文旅产业从业者提供一个全面了解行业发展趋势、技术创新应用、文化传承策略的窗口，有助于他们在快速变化的市场环境中做出更明智的决策。我们期待与各位读者共同探讨我国文旅产业数智化发展与文化基因传承的更多可能性。

是为序。

王毅菲

2024年6月30日

目 录
Contents

第一章　绪论 …… 1
第一节　研究内容及意义 …… 1
一、研究背景 …… 1
二、研究内容及框架 …… 2
三、研究目的 …… 4
四、研究价值 …… 4
第二节　研究方法与创新点 …… 6
一、研究方法 …… 6
二、研究创新点 …… 7

第二章　文旅产业数智化发展相关研究 …… 9
第一节　文旅产业数智化发展研究 …… 9
一、国内外研究现状分析 …… 9
二、研究述评 …… 10
第二节　文旅产业融合与文化遗产活化研究 …… 11
一、文旅产业高质量融合发展 …… 11
二、文化遗产活化与遗产旅游研究 …… 12
第三节　文化遗产保护与文脉传承研究 …… 15
一、文化遗产类旅游资源保护 …… 15

二、非遗保护研究 …… 16
三、文脉研究 …… 17
四、研究述评 …… 20

第三章 我国文旅产业数智化发展现状 …… 21
第一节 智慧旅游的兴起与国外智慧旅游发展现状 …… 21
一、智慧旅游的兴起 …… 21
二、智慧旅游的支撑技术发展 …… 23
三、国外智慧旅游发展现状 …… 35
第二节 我国文旅产业数智化发展概况 …… 36
一、我国数字经济发展与数字技术应用水平概述 …… 36
二、我国文旅产业数智化发展历程 …… 38
三、我国文旅产业发展现状与趋势 …… 42
第三节 我国文旅产业数智化发展的先进经验与成功模式 …… 45
一、文旅产业数智化发展的优秀案例 …… 45
二、河南龙门石窟景区数智化发展模式与经验 …… 55

第四章 我国文旅产业数智化发展制约因素及痛点问题分析 …… 58
第一节 文旅产业数智化发展的制约因素 …… 58
一、文旅资源保护与活化之矛盾 …… 58
二、资金与管理之困局 …… 64
三、“量”与“质”的失衡 …… 68
第二节 数字鸿沟现象 …… 69
一、城乡数字鸿沟 …… 69
二、“数字悬浮”问题 …… 70
三、智慧文旅赋能城乡数字鸿沟跨越 …… 71
第三节 信息茧房问题 …… 73
一、信息茧房现象相关研究 …… 74

二、信息茧房实证研究 …… 77
三、数智化时代旅游信息多元化传播的破茧对策 …… 84

第五章　文旅产业数智化发展路径研究 …… 87
第一节　文旅产业数智化发展框架 …… 87
一、文旅产业数智化发展总体框架 …… 87
二、文化旅游数智化发展的关键点 …… 87
第二节　基于蚁群算法的智慧旅游路线规划 …… 90
一、蚁群算法 …… 90
二、智慧旅游路线规划模型 …… 91
三、模型应用 …… 94
第三节　基于游客体验的文化旅游资源活化 …… 96
一、体验与旅游体验 …… 96
二、旅游的本质是体验 …… 113
三、基于游客体验的文化旅游资源活化 …… 116

第六章　数智赋能陕西文化遗产旅游实证研究 …… 118
第一节　陕西文化遗产旅游地智慧化应用概况 …… 118
第二节　陕西文化遗产旅游智慧化应用 SWOT 分析 …… 122
一、优势（Strengths） …… 122
二、劣势（Weaknesses） …… 123
三、机会（Opportunities） …… 124
四、威胁（Threats） …… 125
第三节　陕西文化遗产旅游实证研究 …… 126
一、文化遗产价值活化研究理论基础 …… 126
二、理论整合与模型构建 …… 130
三、研究假设与实证检验 …… 134

第七章　促进文旅产业数智化发展与文化基因传承的具体对策 ········ 143
第一节　数智赋能文旅产业转型发展 ································ 143
一、以游客需求为导向，依托“大数据+”推进智慧旅游发展 ··· 143
二、推进“旅游+信息”产业间融合，实现智慧旅游全覆盖 ······ 144
三、进一步提升文化遗产保护与利用的数字化水平 ·············· 145
四、推动数字基础设施赋能文旅产业提升竞争力 ················ 147
第二节　发挥文旅产业数字化优势，弥合城乡数字鸿沟 ············ 149
一、文旅产业数字化优势与“浙江经验” ························ 149
二、文旅赋能数字鸿沟跨越，实现共同富裕的具体建议 ·········· 152
第三节　创新驱动传统文化价值传承和特色文化发掘 ·············· 153
一、强化旅游地文化基因的重要性 ······························ 153
二、科技支撑遗产创新化与社会化发展，推动传统文化复兴 ······ 154
三、思维创新与传统文化价值传承 ······························ 155

第八章　结论与展望 ·· 158
一、研究结论 ·· 158
二、研究不足与展望 ·· 164

参考文献 ·· 166
后　记 ·· 191

第一章　绪论

第一节　研究内容及意义

一、研究背景

当前，新一轮科技革命和产业变革加速演进，数字经济蓬勃发展、方兴未艾。党的十八大以来，以习近平同志为核心的党中央高度重视发展数字经济，将“数字中国”上升为国家战略，数字技术正加快融入经济社会发展的各个领域，蕴含强大的能量与巨大的潜力，但也面临内外部巨大的压力与挑战。

党的十九届五中全会强调繁荣发展文化事业和文化产业，提出在国民经济和社会发展“十四五”规划和2035年远景目标中，文化建设要将“满足人民文化需求”与“增强人民精神力量”相统一的明确要求。自2018年我国文化和旅游部组建以来，“文旅融合”得以不断深化推进，逐步进入内涵式发展阶段，习近平总书记也曾多次指出“让收藏在博物馆里的文物、陈列在广阔大地上的遗产、书写在古籍里的文字都活起来”，然而在文旅产业发展实践中，资源保护与利用不平衡不充分的矛盾依然存在：一方面，文旅资源利用效率不高，资源价值未能实现有效活化，不能满足民众日益增长的文化需求；另一方面，旅游开发反噬保护，部分文旅资源或珍贵历史文物的文脉失真甚至遭遇人为破坏，难以传承延续。

“十四五”时期，中国同其他国家与地区间的文明交流互鉴将更趋频繁，作为承载民族精神与文明底蕴的文化遗产资源，其合理的活化利用能够发挥旅游产业和文化产业两方优势，持续推动中华优秀传统文化创造性转化、创新式发展。激活文化旅游资源蕴含的中华民族文化基因，有助于增进民族文化认同、彰显文化胸怀和文化自信，是延续中华文脉、凝聚人民精神力量的重要基础，事关我国社会主义文化强国与国家软实力建设大局。

目前我国正朝着第二个百年奋斗目标不断奋进，正处于数字化转型发展的关键阶段，文旅产业发展也处于战略关键期和机遇期，5G、大数据、云计算、人工智能等新技术、新模式不断涌现，同时碳达峰碳中和（“双碳”）战略稳步推进，绿色生产生活方式加快形成，如何打破惯性思维和路径依赖，寻求创新发展、完成产业转型升级显得至关重要。从我国目前文旅产业的发展情况来看，文旅产业中传统产业的比重较大，而在科技含量相对较高的新兴领域，如数字文创、云旅游平台建设、AI 综合服务与数字化品牌传播等方面的发展则相对滞后，丰富多彩、积淀丰厚的文化资源优势亟待有效地活化、转变为产业优势，传统资源依赖型的文旅产业也须寻求低碳化、智能化、可持续的发展新方向与新业态。如何实现更高质量、更有效率、更加公平、更可持续、更为安全的发展成为当下刻不容缓的重要议题。

二、研究内容及框架

（一）主要研究内容

本书通过分析我国文旅产业发展现状及其在转型发展关键期存在的问题，深入探究文旅产业数智化升级发展的障碍因素，提出文旅产业数智化转型升级与高质量融合发展路径及文脉传承的有效对策。通过本书的研究，以期能充分激发新型业态、创新驱动新兴领域，以“科技 + 文化 + 旅游”深度融合模式为引领，在“双碳”目标驱动下，不断促进低碳化数字文旅产业的发展，充分活化与延伸文旅产业价值链，推动我国文旅产业发展从注重速度与规模向追求质量和效益转变，从而有助于将我国丰富的文化资源优势有效地转化为产业优势，实现经济效益、社会效益、环境效益的全面协调增长和文化与旅游产业的系统化、全方位、多领域高质量融合发展。

（二）研究框架

研究内容主要包括以下四部分：

首先，在文献研究和理论分析的基础上，充分梳理文旅产业融合与数智化发展，以及文化基因传承的相关研究，并对理论成果进行简要述评。

其次，在理论研究的基础上对我国文旅产业的数智化发展历程与现状进行概述及简要分析，深入探究文旅产业转型升级关键期存在的薄弱环节与障碍因素。

再次，搭建“双碳”引领、科技支撑、创新驱动的文旅产业高质量发展理论框架，寻求文旅产业数智化发展路径，实现基于游客体验的文化旅游资源活化。

最后，以陕西文化遗产旅游智慧化发展为例，通过实证研究提出促进文化与旅游产业数智化转型升级发展与文化基因传承的有效对策。通过智慧服务、智慧管理、智慧营销三个方面，促成文旅产业的数智化平台搭建、低碳化资源整合、沉浸式文旅体验优化以及产业价值的国际化传播。坚持“双碳”引领、科技支撑、创新驱动，充分发挥我国独特的文旅资源优势，持续推动传统文化旅游产业的创造性转化与创新性发展。

（三）研究重点与难点

1. 研究重点

①探究文旅产业在数字化、智能化新兴领域发展中存在的问题及障碍因素，找准传统文旅产业数智化转型升级的关键点和突破口，为实施文旅产业数智化转型升级与高质量融合发展打好理论基础。

②通过对文旅产业数智化发展现状的分析，寻求产业数智化转型升级与高质量融合发展的有效路径与合理范式。

2. 拟突破的技术难点

①运用结构方程（SEM）建模构建文旅产业数智化发展与影响机制作

用模型，结合样本数据调查测评文旅产业在转型升级关键期的关键点和痛点、难点。

②以陕西文化遗产旅游为典型代表，对文化遗产类旅游活化发展水平及文化基因传承深入展开定量分析，探寻文化旅游资源价值有效活化路径。

三、研究目的

在完成旅游智慧化应用调研过程中，从国家有关智慧旅游的政策、我国现阶段智慧旅游发展的实际状况及旅游景区的智慧化应用情况入手，探究目前各文化遗产景区智慧化发展所遇到的问题并提出相关策略。研究目的在于：

①通过分析文旅产业现状及其在转型发展关键期存在的问题，深入探究文旅产业数智化升级的障碍因素，提出文旅产业数智化发展与文化基因传承的有效路径及对策。

②积极利用现代新科技的网络技术，通过多元化方式带动旅游者的感官体验，引发大众对旅游目的地相关知识的探索兴趣，指引其进行学习了解，提升文化素养，从而去除浮躁情绪。面向大众及旅游爱好者改变“走马观花”式“打卡”旅行，鼓励大众了解传统历史文化，培养其对我国优秀传统文化传承的主动性。

③加快推进以数字化、网络化、智能化为特征的智慧旅游发展，为培育云旅游、云直播，发展线上数字化体验产品做铺垫。在鼓励定制、体验、智能、互动等消费新模式发展的同时，推进文化、旅游与其他领域融合发展，提高国家软实力、建设文化强国。

四、研究价值

（一）经济效益

通过促进文旅产业的数智化转型升级，从数智化平台搭建、低碳化资源整合、沉浸式文旅体验优化及产业价值国际化传播几个方面全面提升文旅产业的发展质量，培育以科技创新为核心的产业融合新业态，增加文化产品的附加值，形成文旅产业集群发展，将突出的文化资源优势转化为产业优势。改善传统文旅产业资源依赖型、劳动密集型的单一发展模式，不断延伸、延长产业链，引领文旅产业结构向绿色、低碳、智慧方向迭代升级。将数字智能元素更充分地融入演艺游乐、文创设计、文化会展、二次元文化等新兴领域，进而催生富有生命力的文旅新业态、新场景，提升文旅产业层次，促进文旅产业的数智化转型升级和文旅产业经济的高质量发展。

（二）社会效益

依托各地独特而不可替代的文化资源价值，构建符合人们生产生活需要及现实需求的社会场景与人文环境；通过数字化、网络化、信息化的产业升级，运用5G、大数据、云计算、虚拟现实（VR）、增强现实（AR）等技术增强社区参与和公众参与，建立与培育良好的“居游共生”与全民共享关系，扩大受众面和影响力，让更多人了解、读懂本地的特色优秀传统文化，也让文化通过科技真正“走”入大众的生活，惠及更多民众，从而增强人们对地方传统文化的认同感与文化自信，促进我国优秀传统文化弘扬发展、永续传承。

（三）环境效益

数字化与智能化以其天然的低碳优势与“双碳”思想一脉相承，也是践行“双碳”理念最为有效的发展方向。研究成果中数字化和智慧化的文旅产业改造升级策略将有效带动低碳化文旅消费，减少对资源环境的浪费和破坏；智慧文旅可以提升信息交互的实时性、精细度与管理效能，从而极大地节约传统文旅活动和管理过程中所消耗的能源、场地与人工成本；云旅游、虚拟场景体验、数字文博等零碳化旅游方式更是将从根本上实现文旅产业由资源耗费型向环境友好型发展转变，保障我国生态效益和谐稳步增长。

第二节　研究方法与创新点

一、研究方法

研究采用理论规范研究和实证分析相结合的方法。综合运用管理学、社会心理学、消费者行为学、考古学、民族学及文化人类学等多学科的相关知识，兼用定性与定量分析，进行充分的理论分析与逻辑论证。现将主要研究方法归纳如下：

①文献研究法结合哲学思辨。研究收集整理国内外大量相关文献，包括近年来关于数字经济、智慧旅游、文旅资源开发、文化遗产活化、文旅融合与高质量发展等方面的基础理论，以及在此范畴内有关的研究成果进行分析和理论思辨，为本书的研究选题、理论框架以及问卷测量项目的设计提供相应的理论支持。

②质性分析结合理论推演法。在文献研究和理论分析的基础上提出文化遗产物、场、人三者交互作用的“二元三维价值链”理论框架（FOE 模型）。该理论描述了文化遗产地物、场、人三者之间动态平衡的交互机制，从定性和本质分析角度阐述了文旅资源活化中不同角色的作用机制及其对旅游体验产生的影响和作用，从而为研究假设的提出和后续实证研究的展开奠定理论基础及提供逻辑依据。

③链式多重中介模型建模法。对测试结果及收集到的数据进行数理统计分析，通过 SEM 构建文旅资源价值的链式多重中介模型，识别各要素之间一系列相互依赖的多重关系与内在作用结构，以进一步检验本书提出的理论假设，并加以综合对比与总结。

④小样本精准测量结合大样本抽样调查法。针对典型文旅目的地采集相关数据，每个目的地分别针对参观游览者（又分为散客、团体游览者和专业考察人士 3 个细分亚组）、目的地管理方以及当地社区居民展开精准调研，调研方式包括问卷和小规模访谈（主要针对当地社区居民），测试

周期为半年（每年旅游淡、旺季针对各样本分别观察测量一次），50 名≤各被测对象样本量≤80 名。同时，对于其他目的地所在（属）区域（市、县、乡、镇）进行分层抽样调查，根据不同历史时期、不同地域文化特点、不同旅游资源规划保护时间（“十一五”“十二五”“十三五”）进行分组大样本抽样调查，被测方主要为目的地相关利益群体及社会公众，各分组样本量不少于 500 名。

⑤层次分析法和制度分析法。运用层次分析法，通过调研、专家访谈和政府建议，设计具体的测度指标体系；并运用制度分析法研究文旅资源保护与合理利用的政策规制问题。

二、研究创新点

（一）视角创新

①首先，在文旅资源价值链创新视角下，将原本用于文化遗产保护领域的“真实性与完整性”原则引入文旅资源开发与遗产活化领域，拓宽了文化遗产保护和利用的范围与层面；其次，强调文旅资源活化的核心是“人”的价值活化而非“物”的活化，不单单站在文化遗产保护方、文旅产业规划者和开发商以及政府管理部门角度，也不仅针对有形实体和遗产核心吸引物本身，而是更注重文化遗产所依托的文脉环境、文化背景氛围和社区情感，综合考虑主观与客观、当代与未来之间，文化遗产文脉的永续传承性。

②基于传统与现代辩证统一视角，从核心层、理念层、建构层、执行层四个层层递进的逻辑剖面，从宏微观不同层面考量与分析文旅产业的数智化转型升级体系，寻找文旅产业在转型升级关键期的痛点、难点以及突破口。从智慧化、数字化、信息化、网络化、智能化及未来化六个维度，智慧服务、智慧管理、智慧营销三个方面，促成文旅产业的数智化平台搭建、低碳化资源整合、沉浸式文旅体验优化以及产业价值的国际化传播。

（二）理论创新

其一，搭建“双碳”引领、科技支撑、创新驱动的文旅产业高质量发展理论框架；其二，提出文旅产业数智化转型升级与高质量融合发展的思路构想及具体实施路径，在一定程度上充实与完善了文旅产业数字化高质量发展，以及文旅资源保护与活化的相关理论。

（三）方法创新

通过搭建链式多重中介模型进行对比实证分析，并针对典型文化旅游地采用小样本精准测量结合大样本抽样调查，进行数据采集与数理统计分析。

第二章　文旅产业数智化发展相关研究

第一节　文旅产业数智化发展研究

一、国内外研究现状分析

21 世纪 20 年代以来大数据和人工智能技术持续产生革命性应用，信息系统研究的焦点集中在基于高阶数智技术的赋能处理、“数据”到“数智”的跃迁等方面，旨在通过价值链各环节的“数智化”及其更新迭代实现信息系统赋能（陈国青、任明等，2022）。目前，学术界对“数智化”的内涵和外延依旧处于不断摸索和探讨的阶段，薛峰（2020）认为数智化是指数字化、智能化相结合创造的新增长方式，通过传统生产要素的有机组合，实现对传统要素价值的放大。肖利华（2020）认为数智化转型有“五部曲”：基础设施云化、触点数字化、业务在线化、运营数据化及决策智能化。而梁玲玲、李烨等（2022）则分别从资源基础角度、业务流程角度及组织角度诠释了数智化赋能。

随着数字化和智能化的飞速发展，旅游业等传统产业在运营模式和产业结构等各个领域面临数智化转型，数智技术通过渗透、重组和引领的关键方式赋能旅游业典型应用场景（王曰影，2022），重构了文旅产业格局（解学芳、雷文宣，2023）。Ighalo（2014）指出数字化为旅游业提供了广阔的发展空间，影响了旅游业发展过程中涉及的所有业务流程，而 Souto（2015）则认为除流程的数字化转型外，数字化还为旅游业的新商业模式提供机会。Ivanov 和 Webster（2017）从游客角度提出人工智能对旅游消费者的需求、偏好、决策和体验均产生重大影响。Samara 等（2020）则从供给侧角度提出大数据和人工智能让旅游企业具有了更高的效率、生产力和盈利能力，即 Andrea 等（2020）所说的数字技术作用于组织和流程从而影响开放式创新绩效。Buhalis（2020）、Wang（2014）和马跃如等（2018）则分别论述了旅游消费前期、中期及后期的不同阶段数字经济对旅游业高质量发展的作用机制。

以数字化、智能化为代表的现代信息科技力量的注入，与基础资源发生化学反应，也为文旅产业从高速增长向高质量融合发展提供了全新动能（戴斌，2020）。数字技术赋能旅游业高质量发展，表现为提升旅游产业效率、促进旅游产业结构升级、推动旅游商业模式创新（陈琳琳等，2022）。党红艳（2023）提出旅游业数字化转型的底层逻辑在于旅游业生产力由传统生产要素驱动转变为数据要素和数字化平台驱动；生产方式由客户化大生产转变为多主体价值共创。然而，"数字化"不等于"智能化"，在传统文旅向数字文旅转型的过程中，会出现诸多"只有技术，没有赋能"的问题，诸如数据资源共享中的数据壁垒、文旅产业与高新技术融合不足、文旅公共服务智慧化体系不完善等问题，将不利于文旅产业数字化转型升级（解学芳、雷文宣，2023）。周锦和王廷信（2021）、李凤亮和古珍晶（2021）、李丽云等（2021）、任洁（2022）等学者则分别关注了数字经济背景及低碳视角下的文旅产业高质量发展水平测度、具体路径与策略等议题。

二、研究述评

理论界对于产业数智化赋能的研究日趋丰富与完善，然而随着研究的深入，下述问题逐渐浮出水面，需要引起格外注意：其一，对文旅产业数智化升级与实现"双碳"目标内在逻辑的高度统一性还需进一步强化和深入探究，低碳化不仅是目标，也是文旅产业转型升级与创新发展的重要途径和手段；其二，实证研究方面，如何更全面、系统地从不同维度衡量文旅产业数智化水平，从而精准地聚焦文旅产业高质量创新发展中的薄弱环节，显得尤为重要。在文旅融合走向内涵式发展的大背景下，应尝试构建“双碳”引领、科技支撑、创新驱动的系统化理论框架与实践路径，为我国文旅产业高质量创新发展提供更为坚实而有效的保障。

第二节　文旅产业融合与文化遗产活化研究

一、文旅产业高质量融合发展

国内著名经济学家于光远在 1986 年提出旅游具有“经济和文化的双重属性”的观点，为文化和旅游关系的研究奠定了坚实基础。之后，国内外学者围绕两者从不同侧面与视角展开研究，包括理论内涵（MacCannell，2008；Garrod，2000；Mckercher，2010；冯健，2018；张朝枝、朱敏敏，2019）、灵魂载体说（章采烈，1994）、协同关系（杨振之，2009）、身份认同（张朝枝，2018）、场域共创（马勇、童昀，2019）及空间生产论（陈怡宁、李刚，2019）、内在价值表现（柴焰，2019）等；实证研究方面，学者分别基于物理学耦合协调度模型（生延超、钟志平，2009；高楠等，2015；衣保中、李铭洋，2021）、生产力模型（许春晓、胡婷，2018）、BP 神经网络模型（孙剑锋等，2019）、地理探测器模型（吴丽等，2021）等多重理论模型定量分析文化产业与旅游产业的融合关系。李先跃（2019）通过可视化分析发现，我国文旅产业融合可分为三个阶段，即萌芽期（2008 年以前）、起步和发展初期（2009—2017 年）、全面发展期（2018 年至今）。熊正贤（2017）认为文旅融合发展有三种模式：文化产业交叉式融合模式、文化产品嵌入式融合模式及文化符号渗入式融合模式。张胜冰（2019）则进一步将文旅融合的基本模式分为原生态文化保护型模式、文化资源开发利用型模式、IP 延伸授权型模式、“文化 + 科技”娱乐型模式和“文化 + 地产”休闲度假型模式等，并强调文旅融合的关键是深度融合，不能简单地把两者叠加在一起，而要通过系统内部的耦合关系促成两者在系统要素上密切关联，发生化学反应。

崔凤军等（2020）进一步指出文旅部门机构、资源、节庆活动、项目、内容等的整合是文旅融合高质量发展的动力。周锦和王廷信（2021）、李凤亮和古珍晶（2021）、李丽云（2021）、任洁（2022）等学者分别关注了数字经济下的文化旅游及低碳视角下的文旅融合高质量发展水平测度、具体策略与路径建议。数字时代各种新技术在推进文旅更深层次的融合、丰富文旅融合的业态类型过程中发挥着重要作用（胡海燕、经渊，2021）。厉新建、宋昌耀等（2022）总结了文旅融合高质量发展的难点，时朋飞、曹钰晗等（2023）则诊断出文旅产业高质量发展的主要障碍因子并提出破除对策。

二、文化遗产活化与遗产旅游研究

文化遗产活化的议题近年来得到政府、学术界、业界的高度关注，“活化”强调以利用促进保护，通过给文化遗产注入新的活力，将文化遗产从静止、无活性的状态转变为具有活性的状态，从而让文化遗产“枯木逢春”，使其在功能上更加符合现代社会的需求（王新荣，2012）。欧美国家的遗产活化主要指的是遗产复兴以及遗产再利用，国内遗产活化研究起源于“古迹活化”概念，即指古迹的重生和再生（王晓梅、邹统钎，2013）。

随着人类对世界遗产理解的不断深入和中国参与的世界遗产项目不断增多，中国对世界遗产的价值理念和利用模式经历着发展思路的转变（刘艳、段清波，2016）。薛岚、吴必虎等（2010）通过对世界遗产历史发展的回顾，以及国内外遗产发展现状趋势的对比总结，提出五个转变思路：从高贵到朴素、从专业到大众、从经济到教育、从静态到动态以及从保护到传承。龙茂兴（2013）指出，遗产活化是让静态的遗产生动化，借助“有声有形、有神有韵”的文化产品来展现遗产所蕴含的传统文化特色。对于不同的遗产赋存状况，遗产活化的途径是不同的，同时，对于不同的遗产赋存状况，遗产原真性体验也是不同的（张建忠、孙根年，2012）。

在对文化遗产资源“活化”策略的相关研究中，喻学才（2010）总结了通过旅游开发进行遗产活化的常见方法。吴必虎、王梦婷（2018）认为，遗产活化呈现模式可划分为三种基本范式：一是客观主义的活化模式（静态博物馆模式）；二是建构主义（实景再现）模式；三是述行主义（舞台化表现）模式。

在通过结合实际案例探讨具体“活化”策略的研究方面，张环宙（2010）提出，应在原真完整保护运河遗产资源的基础上，通过恢复缺失的历史断面、活化传统文化、再现运河辉煌等方式来促进运河文化遗产资源的活化。马晓、周学鹰（2013）提出了通过恢复古村落的传统建筑及保留文化传统等方式来促进古村落的活化。齐一聪、马卉等（2015）进行了工业遗产价值认定及活化途径的研究，指出应在加强对地域工业遗产原真性保护的前提下采取适宜的工业遗产再利用方式，将工业遗产积极融入城市系统中，从而重新获得生命力。戴林琳（2016）以京郊地区三家店村为例研究了传统村落的遗产活化问题，指出活化有别于传统的静态保护，应该在保护的前提下对传统村落文化资源进行适度的开发与利用，从而让传统村落空间恢复经济活力等。苏卉（2018）则指出，文化遗产资源的“活化”策略应结合文化遗产资源的保存状况与价值状况进行差异化设计：承袭式“活化”注重将文化遗产资源所承载的历史文化信息真实地表达与传承下来；修复式“活化”注重通过修复来实现文化遗产资源的完整性；还原式“活化”注重还原已毁损的文化遗产资源的历史原状；适应式“活化”强调对文化遗产注入新的机能以适应社会需求；再生式“活化”强调通过环境营造等方式来延续文脉，让遗产重新获得生命力；创意式“活化”强调结合现代创意技术来挖掘文化遗产资源的价值，提升文化遗产的当代价值。

在多种活化途径中，旅游领域的活化无疑是最直接、受众面最大、社会效益及经济效益最突出的一个方向（吴必虎，2018）。喻学才（2010）指出，遗产活化实际上是“如何把遗产资源转化成旅游产品而又不影响遗产的保护传承”，即“遗产旅游”。张映秋、李静文（2014）同样主张遗产活化即在保证遗产真实性、不影响遗产保护与传承的前提下，通过遗产开发将其转变为文化旅游产品的过程。文化遗产活化的目标指向即在于“借助历史遗存重构中国现代化进程中的价值体系，以此实现自我和他者对‘中华民族’的身份确认和价值认同”（孟姝芳，2020），遗产旅游也因此被理解为“多元权力互动的文化政治过程”（张朝枝、杨继荣，2022）。

遗产旅游的产生亦与遗产概念和内涵的不断商业化紧密相关（邹统钎，2010），一般认为，1975 年欧洲的“建筑遗产年”是遗产消费成为大众消费需求的标志（张朝枝，2008）。关于遗产旅游概念的界定，早期得到大家认同的是耶尔（Yale，2004）的定义，即遗产旅游是“关注我们所能继承的一切能够反映这种继承的物质与现象，从历史建筑到艺术工艺、优美的风景等的一种旅游活动”，即到特定的遗产地去游览的活动就是遗产旅游。

波里亚（Poria）等（2003）指出，在遗产地存在三种不同类型的旅游者：游览遗产景点并视其为自身遗产一部分的旅游者；游览与自身遗产无关的遗产景点的旅游者；游览挂牌遗产景点但却没有意识到那里是遗产地的旅游者。虽同是到访遗产地，三种旅游者显然具有不同的旅游动机。据此，波里亚等（2003）将遗产旅游定义为“一种旅游类型，旅游者游览旅游景点的主要动机源于该景点的遗产特色以及他们对自身遗产的认知”。美国学者戴伦·蒂莫西（Dallen Timothy，2007）则认为，遗产旅游是指旅游者观赏或者体验建筑遗产、活态文化或现代艺术。旅游的动机来自增强个人文化修养、学习新知识、陪伴亲朋好友、满足自己的好奇心或者打发时间。简言之，遗产旅游包括一系列的旅游动机、旅游资源和旅游体验，因人而异，也因参观的地方而异。其在《文化遗产与旅游》（2014）一书中进一步指出文化遗产旅游包含建筑遗产、活态的生活方式、古代的手工艺品和现代艺术与文化等内容，这是比较宽泛同时也更接近现实中实际操作的表述。

第三节　文化遗产保护与文脉传承研究

一、文化遗产类旅游资源保护

“真实性”的概念最早出现于《威尼斯宪章》（Venice Charter，1964），为遗产价值的界定及评估奠定了关键性基础。作为一个学术概念，“真实性”最初源于博物馆与文物的相关研究，用来描述“我们每况愈下的环境特质下，人们对于物质存在和个体存在的可信度所产生的焦虑”（Trilling，1972）。自此，来自不同学科的研究者对其学术意义进行了不断发展和丰富，并将其研究范围拓展到了不同的领域，包括文化人类学、社会学（建构主义视角下的真实）（Cohen，1988；Taylor，2001；Pearce，2005；Araoz，2013）、哲学（真实的“自我”）、社会心理学（Cohen，1979，1988，2002，2007；Bruner，1989，1994，2005；Wang，1999；Taylor，2001；张成渝，2010；Park，2019）和政治学（真实化的社会过程）（Cohen and Cohen，2012）。1973 年 MacCannell 提出“舞台真实”理论，将这一概念第一次引入旅游界学术研究中，其后便逐渐发展成为旅游研究的核心概念之一。然而在文化遗产旅游的相关研究中，“真实性”概念更加复杂，不同的文化背景下对不同的受众而言，“真实”的含义也不同（Knox，2008），中西方文化的差别也导致对“真实性”存在理解上的差异（王会战、李树民，2014）。王宁（1999）将“真实性”进一步解读为“基于客观对象”的客观性真实、建构性真实和“基于体验”的存在性真实。建构性真实影响存在性真实，而后者则对游客体验具有深刻影响（Park，2019）。Waitt（2000）、Hede（2014）和 Farrelly（2019）在对遗产旅游者“感知真实”的影响因素及其作用机制方面进行了深入细致的探究，国内学者则主要通过实证方法设计和验证了感知真实的评价指标（徐伟、李耀，2012；王婧、吴承照，2014）及其同遗产旅游的游客体验、满意度和行为意向的关系（关巧玉、罗芬，2017；马东艳，2020；田彩云、裴正兵，2021）。

在遗产地保护中，“完整性”原则亦作为衡量遗产价值的标尺（张成渝，2004），然而在承认“世界遗产公约”使全世界认同完整性原则的同时，还应谨慎对待对其概念界定的机械观点，这一观点牢固地植根于将遗产“物质化”的认识中（Zancheti and Hidaka，2011）。完整性最初单用于评估自然遗产遗址的价值，它强调保持遗产突出的外在美感的需要，并确定生态系统保护和生物多样性的必要因素（Stovel，2007）。一些学者对这一狭义概念界定提出异议，认为遗产的所有要素都需要展现出其与众不同的“普世价值”，非物质文化属性也应包括在被评价的范畴中，“完整性”原则应同时关注对自然遗产及文化遗产文化属性的完整呈现（Jokilehto，2006；Stovel，2007；Zancheti and Hidaka，2011）。Jokilehto（2006）还将“完整性”定义为遗产地的各项特征能够在多大程度上完整、全面、安全地体现其文化价值，并能否充分考虑遗产地过去及现在所依托的文脉。“完整性”原则强调这种文化的“延续”与传承，而正是这种“文化延续性”（Culture Continuity）如纽带一般将遗产地的过去和现在紧密联系到了一起，无论古代还是当代、有形还是无形的要素和属性，都属于这种文化延续性的一部分，需要人们从不同的角度（如地理学、心理学、社会政治学，等等）对其加以综合的考量（Alberts and Hazen，2010）。宋奕（2012，2016）从人类学的角度论述文化遗产保护的整体性原则，认为“人对物质的文化遗产的占有与控制转变为一种‘在家感’，物质的、非物质的文化遗产以及其中的人都是相互联系着的、有着共同的‘亲族血脉’的各元素所构成的一个生态总体”。艾菊红（2017）指出文化遗产保护的整体性是人、物质与非物质、空间与时间有机统合在一起的，具有可持续发展的文化遗产保护原则。

二、非遗保护研究

非物质文化遗产（以下简称“非遗”）作为文化活化石，体现了平衡社会生态的文化特性，承担了“各国人民集体记忆的保管者”的重大使命

（《宣布人类口头和非物质遗产代表作条例》），然而保护非遗，则需要处理好传承与发展的关系（刘鑫、苏俊杰，2021）。李江敏、王青等（2020）认为非遗“以人为载体”可延续的文化传递决定了其具有独特的“活态”传承体验价值，王薇（2021）则对非遗保护中的可持续发展理念的融合与嬗变进行进一步分析。梁保尔、马波（2008）对非遗的概念表述、涉及范围、保护现状等基本问题进行梳理与总结，并对《保护非物质文化遗产公约》（2003）这一权威文件进行深入分析，讨论非遗作为旅游资源的保护与利用问题。一部分学者提倡对非遗进行“原样保护”（齐易，2016；顾军、苑利，2016）；另一部分学者则认为，既不能转化又不具有当代价值的传统文化是僵死的，因此非遗保护“无法追求时间及地域上的‘原真保护’”（苏小燕，2014；陈先达，2016）。刘鑫、苏俊杰（2021）认为非遗真实性的内涵应是“动态构建”的，并“应由非遗持有者自己判定其真实与否”。非遗作为线性文化遗产空间或文化廊道最重要的文化内容之一，范周和言唱（2020）、李江敏等（2020）、贺鼎等（2022）及田磊等（2022）等学者分别聚焦大运河、长江、长城和黄河等沿线非遗的空间分布格局，揭示其生成演变与区域环境的紧密互动关系。在此基础上，王兆峰（2023）基于长征红色非遗的内涵外延、生成逻辑与共性特质，针对长征线性非遗跨区保护难度较大、长征文化根基不深、非遗传承人才断层、利用方式同质单一与旅游开发利用无序等传承困境，构建起长征红色非遗活化利用的逻辑关系图谱与长效推进机制。

三、文脉研究

“文脉”一词是从英文“Context”翻译而来的，“Context”原意为“（文章中字、词、句等的）上下文；（事物）发生的环境、背景”。而在我国，最早引入“文脉”概念及其应用意义的是陈传康（1995）和李蕾蕾（1998）。早在1990年，著名旅游地理学家陈传康就给“文脉”下了一个经典的定义。他认为，所谓文脉，是指旅游点所在区域的地理背景，包括地质、地貌、气候、土壤、水文等自然环境特征；同时也包括当地的历史、社会、经济、文化等人文地理特征。李蕾蕾（1998）认为，文脉是一种“综合的、地域性的自然地理基础、历史文化传统和社会心理积淀的四维时空组合”，进而把文脉作为旅游形象内容的源泉。此后，郭来喜、范业正（1998）在此基础上又以旅游地资源属性及其周边环境因素为依据，提出了“地脉”的概念与之对应，用来表示区域自然地理背景或旅游地的自然构成因素，从而使“文脉”这一概念集中于表现文化的内涵。王铮、李山（2004）则认为，文脉不仅仅是文化内容，在旅游区层面上，文脉是“由自然景观、文化景观的‘绮交’而体现的旅游区文化形象，它‘脉注’在旅游区，体现文化主题或者文化精神，给旅游者以特有的文化感受”。

随着旅游开发实践的进行，文脉的概念逐步明确和完善起来，人们对于文脉也有了新的认识。吴涌等（2003）认为文脉的原意除了传统的文化意味还包括人工环境、城市肌理等众多含义。张宏瑞（2004）则认为，除了当地的地理和社会背景，区域的本土文化中能够对异地游客产生吸引力的当地人的思想倾向，以及乡土文化氛围也是本土文脉的重要构成。

文脉不再只是一个孤立的概念，而是与历史人文古迹保护，旅游区域规划、开发及形象策划，乃至整个城市的规划与建设问题结合在一起，在多个领域为人们提供新的思路及新的研究视角，因此也产生了许多新的概念。作为对原概念的衍生与拓展，赵荣等（2002）提出了“景观文脉”的概念，认为它是指旅游目的地自然景观和人文景观的文化内涵及其有机联系。郑志权（2004）提出“城市文脉”（Urban Context）的概念，主要是指，在城市建筑及外部空间环境规划设计时要与人的需求、文化、历史、社会和自然生态等外部条件相匹配。他将城市文脉分为两类：“显性文脉”与“隐性文脉”。前者是指通过研究城市环境表层物质形态而产生的设计手段和处理方法，对旧建筑外貌的保护与维护即属于此类；后者则是指城市环境各实体要素和城市环境中潜在隐形规则之间的联系，不仅仅局限于实体要素本身而谋求城市环境设计的改造方法。

张宏瑞（2004）进一步分析了文脉对区域文化形成的影响及其在文化

资源旅游开发中的主导作用，总结出文脉是区域文化旅游开发的关键所在，它不仅提供了众多的实体文化景观，还积淀了底蕴极其深厚的无形文化遗产。吴必虎（2001）强调了旅游规划中地方性研究的重要性，尤其强调对地方历史文化特征的研究。这些均体现出人们对文脉特殊意义的强调与把握。郑向敏等（2004）认为，文脉具有承上启下的传承功能以及阐释人类生活的符号功能，它依托于各种物质载体以及人类的活动。由于具有较强的独特性与差异性、不可移植性与复制性，而且具有较强的展示地域个性与特性的标志功能，因此文脉是文化的“精神与灵魂”，文物等文化实体一旦失去了文脉，就失去了灵魂，从而变得孤立、干枯且没有内涵；同时，文脉若失去了文物的支撑，也会因失去了躯干和土壤而变得虚缈和不可视。

文脉的研究和分析对于旅游业发展起着重要作用，在历史文物古迹保护以及旅游开发的现实实践中，得到了较为广泛的应用。

张宏瑞（2004）强调，区域文化旅游开发必须紧紧抓住当地文脉，合理地确定开发的文化主题，塑造富有当地特色的文化旅游品牌。另外，他还对文化资源旅游开发中的产品创新与文脉突破问题提出了一定的见解。赵飞羽等（2002）探讨了旅游开发主题与当地的地脉、文脉存在着的三种关系，认为旅游项目成败的关键在于正确确定旅游开发主题，而主题的确定又取决于对当地地脉、文脉的准确把握和对客源市场的深入分析及定位。齐子鹏等（2003）以武汉市为例，分析了如何在旅游规划中加强文脉分析，强调旅游规划的制定应当充分考虑文脉在历史进程中的地位与影响；旅游地应当尊重历史文脉，顺应原有的肌理，把握与提炼地区特色与文化传统，并从现代生活中汲取活力，使文脉成为旅游地的生命，在旅游发展进程中延续并发展。李山等（2004）将计算机软件工程领域中面向对象的思想和方法引入旅游区规划的研究和实践中，提出面向对象景区总体规划中应符合“文脉一致”原则。林兴良等（2003）结合广东省台山市（县）的文脉和资源特色，对台山市（县）旅游形象系统做了初步探讨。郑志权（2004）总结出城市文脉常用设计手法在城市环境改造与景观再创造中的应用。单霁翔（2007）论述了文脉在城市文化遗产保护与文化城市建设中的重要作用；张硕（2015）在考古学视角下对汉水流域的襄阳文脉进行了梳理；胡方、陈进等（2019）以日喀则为例，探究如何以整体空间格局的延续性、多元文化风貌的关联性、特色文化要素的整体性为核心策略，建构空间特色发展框架，从而传承历史文脉，增强文化自信。

四、研究述评

国内外对于文旅资源保护利用与文脉传承的研究已有较为深厚的积累，对遗产类文旅资源活化的理解也愈加趋向多元化，然而下述问题仍亟待引起重视与完善：

首先，文化遗产保护中经常提及的“真实性与完整性”二元原则易被片面地理解为单纯的遗产资源保护原则，而忽视其在遗产活化利用、文化符号阐释及主观价值建构方面的重要作用，即对于文化遗产保护原则作用于文化遗产主观体验、促进文化遗产的文化基因发掘和价值活化的内在机制，尚待进一步充分阐述。其次，文旅资源活化本质在于“人”的价值的活化，而目的在于文化基因的传承，该认识尚需进一步强化和深入探究。所谓“一切价值都是人的价值”（李德顺，2017），落实在文旅产业发展领域，便是“以‘人’为目的的价值建构过程”，其核心在于“使人们在‘价值—情感’认同中获得自身的历史存在和民族身份的认同”（孟姝芳，2020），形成“彼此相互独立但又相互连接”的整体价值体系（吴兴帜、彭博，2020）。在文旅融合走向内涵式发展的大背景下，在文旅资源活化利用实践中，须将体验性、环境化要素纳入文旅资源价值体系，真正实现公众对中国优秀传统文化的深入理解和文化认同，为文旅资源的价值活化与文脉传承提供一个更为广阔和崭新的视角，这正是本书研究的出发点所在。

第三章　我国文旅产业数智化发展现状

第一节　智慧旅游的兴起与国外智慧旅游发展现状

一、智慧旅游的兴起

智慧旅游是现代旅游业信息化发展的新模式，是在智慧地球与智慧城市基础上提出的概念。智慧地球、智慧城市和智慧旅游三者密切相关，都是基于物联网、移动互联网、云计算、大数据等高新技术的创新项目。智慧地球辐射范围最大；智慧城市需要建设的面最多；智慧旅游是旅游方向的专项建设，与智慧城市其他方面的建设协调联动，共同促进城市智慧化。

（一）智慧地球

2008 年 11 月，国际商业机器公司（IBM）提出“智慧地球”概念，随后该思路得到包括中国在内的世界各国的普遍认可和响应，与智慧地球密切相关的物联网、云计算、互联网、人工智能等高新技术，成为科技发达国家制定本国发展战略的重点。按照 IBM 的定义，智慧地球包括三个维度：第一，能够更透彻地感应和度量世界的本质和变化；第二，促进世界更全面地互联互通；第三，在上述基础上，所有事物、流程、运行方式都将实现更深入的智能化，企业因此获得更智能的洞察力。

（二）智慧城市

智慧城市一般由组织、业务、交通、通信、水和能源六个核心系统构成。在互联网时代，这些系统不是毫无关系的独立单元，而是以一种协作的方式相互衔接，形成城市宏观物联体系。基于这种认知，IBM 于 2010 年正式提出了“智慧城市”建设愿景。智慧城市是运用物联网、云计算、大数据、空间地理信息集成等新一代信息集成技术，促进城市规划、建设、管理和服务智慧化的新理论与新模式。智慧城市的建设包括智慧交通、智慧医疗、智慧园区、智慧电网等数十个模块，涉及城市居民工作与生活的方方面面。智慧城市的建设包括技术层和社会层两大因素。从技术发展的视角来看，智慧城市建设要求通过以移动技术为代表的物联网、云计算等新一代信息技术的应用，实现全面感知、泛在互联、普适计算与融合应用。从社会发展的视角来看，智慧城市还要求通过社交网络、微观装配实验室、智能家居、综合集成法等工具和方法的应用，实现以用户创新、开放创新、大众创新、协同创新为特征的知识社会环境下的可持续创新，强调通过价值创造、以人为本实现经济、社会、环境的全面可持续发展。

（三）智慧旅游

智慧旅游是利用云计算、物联网、大数据、移动互联网和人工智能等先进技术，主动感知和捕捉旅游资源、旅游经济、旅游资讯、游客行为等信息，并对信息资源进行最大限度的开发利用，以更加及时、准确、智能的方式为游客、旅游企业、旅游管理部门提供各种信息化应用和服务。对于智慧旅游的技术研发人员而言，智慧旅游是云计算、物联网、大数据、移动互联网和人工智能等先进技术的开发与集成；对于旅游管理部门而言，智慧旅游是战略规划和公共服务平台；对于旅游企业而言，智慧旅游是投资项目和创新发展模式；对于游客而言，智慧旅游是线上、线下旅游服务的全面升级，是科技带来的切实便利与实惠。

智慧旅游的实施，不仅全面提升了游客在食、住、行、游、购、娱等各旅游消费环节中的附加值，而且使游客能便捷快速地获取旅游资讯，随时规划出行或调整行程计划，快速完成各类旅游服务的查询、预订、支付和退订业务，及时反馈问题和分享旅游体验，并在游前、游中、游后都能感受到旅游的智慧化。

二、智慧旅游的支撑技术发展

随着科学技术的快速发展，支撑智慧旅游的技术逐渐成熟和完善。云计算、物联网、大数据、移动互联网、人工智能等技术的进步，为智慧旅游的实现提供了关键技术支撑；智能手机、平板电脑等移动电子设备的升级换代，为智慧旅游提供了强大的硬件承载。智慧旅游是信息通信技术（ICT）与旅游业融合发展的顶层设计，是信息通信技术在旅游业中的应用创新和集成创新，为满足游客个性化需求提供高品质、高满意度的服务。

（一）云计算技术

1. 云计算概念及其类型

云计算（Cloud Computing）是分布式计算的一种，指的是通过网络“云”将庞大的数据计算处理程序分解成无数个小程序，再通过由多部服务器组成的系统进行处理，并将分析这些小程序得到的结果返回给用户。云计算是一种按使用量付费的模式，这种模式提供可用的、便捷的、按需的网络访问，进入可配置的计算资源共享池。只需投入很少的管理工作，或与服务供应商进行很少的交互，所需资源就能够被快速提供。

云计算可以分为云平台和云应用两部分。云平台是用来构造应用程序的系统平台，可按照需求动态部署、配置、重新配置以及取消部署服务器。云应用是建立在云平台基础上的应用，是一种可以通过互联网访问的应用程序，它使用大规模的数据中心以及功能强大的服务器来运行网络应用程序与提供网络服务，使得任何用户通过适当的互联网接入设备就能够访问云应用。

云计算为用户提供的服务包括基础设施服务（IaaS）、平台服务（PaaS）和软件服务（SaaS）三种类型。其中，IaaS 是向用户提供虚拟化计算资源，包括虚拟机、存储、网络和操作系统等基本计算资源，用户能够部署和运行任意软件，包括操作系统和应用程序。PaaS 是为开发人员提供通过全球互联网构建应用程序和服务的平台，为开发、测试和管理软件应用程序提供按需开发环境。SaaS 是通过互联网提供按需软件付费应用程序，即云计算提供商托管和管理软件应用程序，允许其用户连接到应用程序并通过全球互联网访问应用程序。

2. 云计算的关键技术

云计算作为数据服务中心，是通过虚拟化技术构建起来的，它融合了多项信息通信技术，其中以分布式存储、虚拟化、分布式资源管理、智能管理平台和分布式并行编程模式五大核心技术最为关键。

（1）分布式存储

分布式存储是网络数据的存储模式，采用可扩展的系统结构，利用多台存储服务器分担存储负荷，使用位置服务器来定位存储信息。这种数据存储模式不但提高了系统的可靠性、可用性和存取效率，还摆脱了硬件设备的限制，同时扩展性更好，能够快速响应用户需求的变化。云计算能够快速、高效地处理海量数据，关键就在于采用了分布式存储技术。

（2）虚拟化

虚拟化技术为云计算服务提供基础架构层面的支撑，是一种在软件中仿真计算机硬件，以虚拟资源为用户提供服务的计算形式，旨在合理调配计算机资源，使其更高效地提供服务。虚拟化技术打破了应用系统各硬件间的物理划分，从而实现了架构的动态化以及物理资源的集中管理和使用。虚拟化的最大好处是增强系统的弹性和灵活性，降低成本、改进服务、提高资源利用效率。

（3）分布式资源管理

分布式资源管理是保证云计算系统状态稳定的关键，即在多点并发执行环境中，保证各个节点的状态同步，并且在单个节点出现故障时，系统通过有效的机制保证其他节点不受影响。

（4）智能管理平台

智能管理平台具有高效调配大量服务器资源，并使其更好地协同工作的能力。其中，方便地部署和开通新业务、快速发现并且解决系统故障，以及通过自动化、智能化手段实现大规模系统可靠的运营是智能管理平台的技术关键。云计算可以有三种部署模式，即公共云、私有云和混合云。

（5）分布式并行编程模式

分布式并行编程模式能够更高效地利用软硬件资源，让用户更快速、更简单地使用应用或享受服务。云计算是一个多用户、多任务、多支持并发处理的系统，高效、简捷、快速是其核心理念，旨在通过网络把强大的服务器计算资源方便地分发到终端用户手中，同时保证低成本和良好的用户体验。在分布式并行编程模式中，后台复杂的任务处理和资源调度对于用户来说是透明的，这样能够大大提升用户体验。

以上是目前云计算涉及的五大核心技术。通过这些技术，可以将分散的节点有效地整合起来，组成大规模甚至超大规模集群，在提供强大性能的同时也提升资源的利用率。云计算技术是计算领域技术演进过程中的一座里程碑。

3. 云计算在智慧旅游中的应用

智慧旅游的云计算建设分为云平台建设和云应用建设。由于云平台具有某种程度的应用无关性，因此智慧旅游的云计算建设较侧重于云应用，主要是研究如何将海量旅游信息进行整合并存放于数据中心、如何构建可供用户使用的旅游应用等。从某种程度来说，云计算在智慧旅游中体现的是旅游资源与社会资源的共享与充分利用。

旅游业使用云计算搭建信息平台，优点在于可将海量旅游信息存放于云计算中心，用户可以直接在平台上查询各种旅游信息，使用起来方便、快捷。此外，许多中小型旅游企业无须自己购买服务器或建立网站，只需要将信息存放于云计算中心，便可对其进行管理和发布，大大降低了运营和管理成本。

（二）物联网技术

1. 物联网概念

物联网（Internet of Things，IoT）是指通过各种信息传感器、射频识别、全球定位系统（GPS）、红外感应器、激光扫描器等装置与技术，实时采集需要监控、连接、互动的物体或过程，采集其声、光、热、电、力学、化学、生物、位置等各种需要的信息，通过各类可能的网络接入，实现物与物、物与人的泛在连接，实现对物品和过程的智能化感知、识别和管理。物联网是一个基于互联网、传统电信网等信息承载体，让所有能够被独立寻址的普通物理对象形成互联互通的网络。

2. 物联网的关键技术

物联网的体系架构由感知层、网络层和应用层组成。其中，感知层的关键是感知和识别技术，网络层的关键是无线通信技术，应用层的关键是云计算技术。

（1）射频识别

射频识别（Radio Frequency Identification，RFID）技术，是一种简单的无线系统，由一个询问器（阅读器）和很多应答器（标签）组成。标签由耦合元件及芯片组成。每个标签都具有扩展词条唯一的电子编码，附着在物体上标识目标对象，它通过天线将射频信息传递给阅读器。阅读器就是读取信息的设备。RFID 技术让物品能够“开口说话”，使得物联网具有可跟踪性，人们可以准确掌握物品位置及其周边环境的信息。

（2）传感网

微机电系统（Micro－Electro－Mechanical Systems，MEMS），是由微传感器、微执行器、信号处理和控制电路、通信接口和电源等部件组成的一体化的微型器件系统。其目标是把信息的获取、处理和执行集成在一起，组成具有多种功能的微型系统，集成于大尺寸系统中，从而大幅提高系统的自动化、智能化和可靠性水平。MEMS 赋予了普通物体新的生命，它们有了属于自己的数据传输通路，有存储功能、操作系统和专门的应用程序，从而形成一个庞大的传感网，使得物联网能够通过物品来实现对人的监控与保护。

（3）云计算

云计算旨在通过网络把多个成本相对较低的计算实体整合成一个具有强大计算能力的完美系统，并借助先进的商业模式让终端用户可以享受这些强大计算能力提供的服务。云计算的一个核心理念就是通过不断提高“云”的处理能力，减轻用户终端的处理负担，最终使其简化成一个单纯的输入输出设备，并能按需享受“云”强大的计算处理能力。物联网感知层获取大量数据信息，在经过网络层传输以后，进入一个标准平台，再利用高性能的云计算对其进行处理，赋予这些数据智能，并最终转换成对终端用户有用的信息。

（4）M2M 系统框架

M2M 系统是 Machine - to - Machine/Man 的简称，是一种以机器终端智能交互为核心的、网络化的应用与服务。M2M 将使对象实现智能化的控制。M2M 技术涉及机器、M2M 硬件、通信网络、中间件和应用五个技术部分。基于云计算平台和智能网络，可以依据传感器网络获取的数据进行决策，从而改变对象的行为，或进行控制和反馈。

3. 物联网在智慧旅游中的应用

物联网技术是智慧旅游的核心技术之一，其应用覆盖了智慧旅游的各个环节。在智能导游方面，物联网技术的应用使导游活动更加个性化和人性化。智能语音导游系统——导游器就是利用物联网技术的典型案例。导游器采用 RFID 技术和单片机技术，实体由语音导游和射频电子标签组成。根据系统探测范围大小和特殊环境的需要，景区工作人员在每个景点或者关键游览区放置射频电子标签，游客一旦进入射频区域范围，随身携带的导游器就会自动识别该景点的信号，并通过地址码识别出游客所处的位置，然后导游器根据区域识别的结果自动完成解说内容的切换功能。

在酒店管理方面，物联网技术的应用使酒店能够建立智能感知客人需求、自动调节居住环境的智慧房间管理系统，从而提升酒店的整体服务水平。智慧房间的“智慧”体现在客人入住的房间和整个酒店能够为客人提供最符合其居住习惯的旅居环境，整个服务过程全部自动化、智能化，使客人真正感受到便捷与舒适。

在旅游交通方面，物联网技术的应用使智能交通系统得以建设和建成。智能交通是一个基于现代电子信息技术面向交通运输的服务系统。通过该系统的调控，车辆能够科学地规划行驶路线，避开交通高峰期和拥堵路段，同时也使整个城市的交通流量调整至最佳状态。交通管理部门和车辆驾驶者借助这个系统，可以实时掌握道路和车辆情况。

物联网技术除在导游、酒店、交通三个方面体现出实用性和效用外，在游客容量、旅游安全和景区人员管理等方面也有广泛的应用，并为智慧旅游的实现提供了有力的保障。

（三）大数据技术

1. 大数据概念及特征

大数据（Big Data）指的是以容量大、类型多、存取速度快、应用价值高为主要特征的数据集合。其最早应用于 IT 行业，目前正快速发展为对数量巨大、来源分散、格式多样的数据进行采集、存储和关联分析，从中发现新知识、创造新价值、提升新能力的新一代信息技术和服务业态。

2013 年，IBM 提出了大数据在规模性、多样性、高速性、价值性四个方面呈现出的突出优势，简称“4V”特征。

（1）规模性

大数据具有规模性的特点，即数据量巨大，包括采集、存储和计算的量都非常大。大数据的起始计量单位至少是 P（1000 T）、E（100 万 T）或 Z（10 亿 T）。大规模的数据对象构成的集合，即为数据集。数据集也具有不同的类型，常见的数据集类型包括记录数据集（记录的集合，即数据库中的数据集）、基于图形的数据集（数据对象本身用图形表示，且包含数据对象之间的联系）和有序数据集（数据集属性涉及时间及空间上的联系，存储时间序列数据、空间数据等）。

（2）多样性

大数据具有多样性的特点，即数据种类及其来源多样化。大数据的种类有结构化数据、非结构化数据和元数据、半结构化数据，具体表现为网络日志、音频、视频、图片、地理位置信息等。结构化数据，是指遵循一个标准的模式和结构，以二维表格的形式存储在关系型数据库里的行/列数据。结构化数据是先有结构，后产生数据。非结构化数据，是指不遵循统一的数据结构或模型的数据（如文本、图像、视频、音频等），不方便用二维逻辑表来表现。半结构化数据，是指有一定的结构性，但本质上不具有关联性，是介于完全结构化数据和完全非结构化数据之间的数据。半结构化数据包含相关标记，用来分隔语义元素以及对记录和字段进行分层，是先有数据，再有结构。元数据，是一种用于描述其他数据的数据，可说明已知数据的一些属性信息，提供数据系谱信息和数据处理的起源。元数据可分为三种不同类型，分别为记叙性元数据、结构性元数据和管理性元数据。元数据主要由机器生成并添加到数据集中。元数据的作用类似于数据仓库中的数据字典。

（3）高速性

速率快是大数据处理技术和传统数据挖掘技术最大的区别。大数据是一种以实时数据处理、实时结果导向为特征的解决方案，它的“快”体现在三个层面：一是数据生成快；二是数据流动快；三是数据分析快。

（4）价值性

大数据具有价值密度低、商业价值高的特点。其中，价值密度低是指在巨大的数据量中总能找到我们需要的信息，但需要的关键信息就那么一点，相较于巨大的数据量只是沧海一粟；商业价值高指的是无论需要怎样的信息，总能在大数据中找到相关的线索，所以大数据具有非常高的价值。

2. 大数据在智慧旅游中的应用

通过大数据分析，可以准确预知客流趋向，进而采取相应的措施疏导客流；可以知道游客喜欢什么样的产品，进而开发制造适销对路的产品；可以知道游客需要什么样的公共服务，进而提高旅游公共服务质量等。大数据对旅游业的影响无处不在，主要体现在以下几个方面：

（1）大数据在旅游管理上的应用

大数据使旅游管理智慧化。大数据一个明显的发展方向是数据可视化呈现，即通过把复杂的数据转化为可以交互的图形，以帮助用户更好地理解、分析数据对象，发现其内在的规律，突破认知壁垒，让复杂未知数据的交互探索变得可行。

旅游大数据的可视化，能够促进旅游管理信息的共享与协同发展，促进景区大数据与互联网运营商等第三方大数据的整合，为管理决策人员提供更加直观的决策依据，为挖掘更深层数据价值提供可能，从而实现智慧管理。如对未来一定时段的人流量、车流量等数据进行预测，并根据游客属性对资源与服务提前进行准备；结合景区监控系统，对突发事件（如踩踏、拥挤等）进行实时监测；通过监控系统及大数据分析，对景区人力、物力资源进行科学分配，并对市场违规行为加强管理。

（2）大数据在旅游营销上的应用

大数据使旅游营销精准化。旅游服务供应链上的各方都是紧密相连的，起始端旅游需求量的变动必然会引起下游各环节的变动。通过数据挖掘，可以判断旅游服务供应链一系列变动的规律。数据挖掘是通过对旅游相关企业的数据进行处理和分析，从中快速准确地找出有用信息。

依托旅游大数据对游客市场进行细分，重点客源市场可被数据识别，便于针对主要潜在客户人群的特点进行精准营销及广告投放，并最终确定适合的销售模式、客户关系及行销策略等。利用大数据对旅游市场洼地进行挖掘，培育并发展新的客户群体，诊断旅游营销和推演可行性项目，提升客源市场的转化率，最终达到提升精准营销能力的目的。对于出现的游客抱怨、游客流失等不利因素，也可以通过旅游大数据中的旅游评价、投诉记录等进行原因分析，以及时采取补救措施或开发新的旅游项目，最终实现旅游智慧化营销。

（3）大数据在旅游服务上的应用

大数据使旅游服务人性化。目前的旅游消费模式已由卖方市场转向买方市场，旅游方式也由传统的观光旅游模式转向观光、休闲、度假、户外健身等多元化旅游模式。旅游模式和消费模式的个性化、多元化，对旅游信息的获取提出了更高的要求。依托旅游大数据，游客利用智慧旅游提供的终端工具，可以充分获取旅游目的地的交通、住宿、天气，以及旅游项目是否存在同质化、旅游服务质量及评价状况等内容，以便安排行程，制订旅游线路。旅游服务个性化主要体现在旅游产品自由组合预订、旅游季出行和价格预测指南、用户旅游社交产品、实时交互式数据挖掘的精准引流推荐、景区实时导航、景区实时热点引导、景区各服务窗口和景点流量的预测以及景区实时商业服务推荐八个方面。

游客通过任何渠道发布的针对服务的任何评价，都将作为旅游大数据被收集，继而旅游服务供应链上的各个成员都可通过旅游大数据，实现对需求状况、生产要求、产品供应、实时数据等信息的价值挖掘。通过对旅游大数据的分析，相关企业可以有效提高办事效率，实现链条上各环节间的无缝对接，为游客提供全链条的智慧服务。

（四）移动互联网技术

1. *移动互联网的组成*

移动互联网（Mobile Internet，MI）是 PC 互联网发展的必然产物，它将移动通信和互联网结合成一体，是互联网的技术、平台、商业模式和应用与移动通信技术结合并实践的活动的总称。移动互联网是移动和互联网融合的产物，继承了移动随时、随地、随身和互联网开放、分享、互动的优势，是一个全国性的、以宽带 IP 为技术核心的，可同时提供语音、传真、数据、图像、多媒体等高品质电信服务的新一代开放的电信基础网络，由运营商提供无线接入，互联网企业提供各种成熟的应用。

移动互联网的组成可以归纳为移动通信网络、移动互联网终端设备、移动互联网应用和移动互联网相关技术四大部分。

（1）移动通信网络

移动互联网时代无须连接各终端、节点所需要的网线，移动通信技术通过无线网络将网络信号覆盖延伸到每个角落，让我们能随时随地接入所需的移动应用服务。

（2）移动互联网终端设备

无线网络技术只是移动互联网蓬勃发展的动力之一，移动互联网终端设备的兴起才是移动互联网发展的重要助推器。目前，常见的移动互联网终端设备主要有智能手机和平板电脑。

（3）移动互联网应用

当我们随时随地接入移动网络时，运用最多的就是移动互联网应用程序。大量新奇的应用，逐渐渗透到人们生活、工作的各个领域，进一步推动着移动互联网的蓬勃发展。移动互联网常见的应用类型有电子阅读、手机游戏、移动视听、移动搜索、移动支付、社交 App、移动电商等。

（4）移动互联网相关技术

移动互联网相关技术总体上可分为三大部分，即移动互联网终端技术、移动互联网通信技术和移动互联网应用技术。其中，移动互联网终端技术包括硬件设备的设计和智能操作系统的开发技术。无论是智能手机还是平板电脑，都需要移动操作系统的支持。移动互联网通信技术包括通信标准与各种协议、移动通信网络技术和中短距离无线通信技术。移动通信，特别是蜂窝网络技术的迅速发展，使用户彻底摆脱终端设备的束缚，实现完整的个人移动性、可靠的传输手段和接续方式。移动互联网相关技术包括服务器端技术、浏览器技术和移动互联网安全技术。

2. *移动互联网技术在智慧旅游中的应用*

移动互联网在旅游中的应用呈现出多元化发展态势，覆盖了旅游的多个环节，如移动通信服务、位置查询服务、电子导游服务、旅游预订服务等。游客可以通过智能手机进行票务查询、预订和支付，可以随时随地分享旅程中的照片和心得，可以查询周边的景点、交通和餐饮等。

（1）移动 App 服务

智慧旅游移动端的各项服务均在 App 中实现，除了专门开发的智慧旅游 App，支付宝、微信、微博、高德地图、哔哩哔哩、小红书等常用的综合性 App 中也包含了多元化的智慧服务功能，如微信聊天板块中的定位与共享实时位置功能；微信支付板块中的生活服务、交通出行、购物消费等一系列功能，以及微信中的小程序、公众号、视频号、看一看、直播等多样化功能，都包含了各种与智慧城市和智慧旅游相关的服务。

（2）移动与拍客

拍客是指利用移动数码设备拍摄图片或视频，然后上传到网上与他人分享的人群。与手机版微博使用者一样，每位游客均可以成为拍客。心理学研究表明，图片或动画比文字更具有吸引力，旅游景点的图像比单纯的文字描述更能吸引人的眼球。现在大部分游客的手机上都配有高清摄像头，在旅游过程中不仅可以拍摄图片，还可以录制简短视频，并通过移动互联网实现即拍即发。拍客用稍纵即逝的机会捕捉旅游中的奇闻趣事，用镜头记录下自己的旅游心情，他们提供的图片、音频、视频均为原创资料，更具真实性，对其他游客的影响也更为直接。

（3）移动电子商务

移动电子商务是指利用手机上网办理的一切和商务有关的事项，包括手机购物、手机交易、手机支付、手机订票、手机邮箱等。目前移动电子商务在旅游业中的应用涉及各类票务的查询、预订、退订和支付，如酒店、车票、景区门票、租车服务等。

（五）人工智能技术

1. 人工智能概念及分层

人工智能（Artificial Intelligence，AI），亦称机器智能，是一门研究、开发用于模拟、延伸和扩展人的智能的理论、方法、技术及应用系统的新的技术科学。人工智能是计算机科学的一个分支，它企图了解人类智慧的实质，并生产出一种新的能以与人类智慧相似的方式做出反应的智能机器。该领域的研究包括机器人、语言识别、图像识别、自然语言处理和专家系统等。人工智能自诞生以来，理论和技术日益成熟，应用领域也不断扩大，可以设想，未来人工智能设计的科技产品，将会是人类智慧的“容器”。

人工智能技术领域可划分为基础层、技术层与应用层三个部分。其中，基础层可以按照算法、算力与数据进行再次划分。算法层面包括监督学习、非监督学习、强化学习、迁移学习、深度学习等内容；算力层面包括 AI 芯片和 AI 计算架构；数据层面包括数据处理、数据储存、数据挖掘等内容。技术层根据算法用途可划分为计算机视觉、语音交互、自然语言处理。其中，计算机视觉包括图像识别、视觉识别、视频识别等内容；语音交互包括语音合成、声音识别、声纹识别等内容；自然语言处理包括信息理解、文字校对、机器翻译、自然语言生成等内容。应用层主要包括 AI 在各个领域的具体应用场景，如自动驾驶、智慧安防、新零售等。

2. 人工智能技术

人工智能技术包含机器视觉、机器学习、自然语言处理、机器人技术以及生物识别技术五大核心技术。

（1）机器视觉

机器视觉是用计算机模仿人类视觉系统的科学，使计算机拥有提取、处理、理解和分析图像以及图像序列的能力。它有着广泛的应用，包括智慧旅游中的人脸识别，安防、监控领域的人物、场景识别和活动识别，以及智慧景区各种标记条码的识别等。

（2）机器学习

机器学习是从数据中自动发现模式，模式一旦被发现便可以做预测；处理的数据越多，其预测也会越准确。

（3）自然语言处理

对自然语言文本的处理是指计算机拥有与人类类似的对文本进行处理的能力。例如，自动识别文档中被提及的人物、地点等，或将合同中的条款提取出来制作成表格。

（4）机器人技术

近年来，随着算法等核心技术的提升，机器人技术取得重大突破，如无人机、家务机器人、医疗机器人等都已应用到现实中。

（5）生物识别技术

生物识别技术可融合计算机、光学、声学、生物传感器、生物统计学，利用人体固有的生理特性（如指纹、人脸、虹膜、静脉、声音、步态等）进行个人身份鉴定。其最初运用于司法鉴定，目前范围已有所扩大。

3. 人工智能在智慧旅游中的应用

在智慧旅游研究领域，人工智能更多地被用在旅游需求预测中，是有效处理与使用数据、信息与知识，利用计算机推理技术进行决策支持并解决问题的关键技术。人工智能还在旅游休憩质量评价、旅游服务质量评价、旅游突发事件预警、旅游影响感知研究等诸多领域发挥作用。如果将物联网、云计算以及移动通信技术看成智慧旅游的架构技术，那么人工智能就是智慧旅游的内核技术。

三、国外智慧旅游发展现状

国外发展智慧旅游的相关部门不仅重视技术的发展，还将各种新的信息技术手段与当地特色旅游资源和游客需求紧密结合，开发出覆盖食、住、行、游、购、娱等全要素的智慧旅游系统，为游客提供更细致、贴心的服务，让游客的游览过程更加便捷舒适，提升游客的游览品质和满意度。

（一）欧洲地区

欧洲是最早开展智慧旅游建设的地区之一，欧洲的智慧旅游体系建设十分重视基础设施的建设和应用推广，并致力于打造一体化市场。在公共服务层面，目前欧洲正全面开发应用远程信息处理技术，建立专门的交通无线数据通信网，通过智慧的交通网络实现交通管理、导航和电子收费等功能。在智慧旅游应用方面，欧洲开发了特色“智能导游”软件。该软件在 GPS 和识别软件的基础上，还原古迹在全盛时期的样貌。当游客身处某地时，只需用手机摄像头对准眼前的古迹或废墟，手机里全球定位系统和图像识别软件就能判断位置，并从游客所在的视角，在手机上显示这处古迹在全盛时期的样貌，还能展示遗址上残缺部分的虚拟重构。除此之外，还有路线规划功能，通过交互路线规划工具，量身定做专属于游客自己的旅行方案，帮助游客远离大众线路，独辟蹊径，相当于配备了一个全职导游。

（二）北美地区

北美地区在智慧旅游方面建设也较早，尤其在智慧交通层面成果显著。近年来，为更好地满足自助游客的需求，在提供体系完整的智能票务服务之余，北美地区的“游客自助导航”已经广泛应用。在智慧酒店建设方面，北美地区以满足客户智能化、人性化和信息化需求为导向，重在完善细节服务、优化管理流程、降低管理运营成本。

（三）亚太地区

以韩国、日本、澳大利亚为代表，亚太地区智慧旅游凸显“以人为本”的特性，利用科技增进游客体验。在移动端服务方面，韩国首尔基于智能手机平台，开发了“i Tour Seoul”应用服务系统，提供五种语言服务。在加强移动终端服务的同时，韩国还重视系列网站系统建设。在智慧酒店建设方面，亚太地区注重服务细节的智慧改良，以日本为代表，酒店极其注重人性化设计，支持多国语言的智能电话接听系统功能全面。在智慧交通方面，与北美地区类似，亚太地区很多城市有着体系完整且科学、便民的交通设施，部分城市的交通“一卡通”还兼顾便利店及自动售货机消费功能。旅游观光巴士广泛使用 GPS，部分国家开发设计“风景导航”系统，根据旅游车的位置，电视监视器可自动显示附近景点的动态视频。目前，亚太国家正着手加强无线网络、物联网、远程监控、无线感知、云计算等技术，以增强智慧旅游的实时性与互联性。

第二节　我国文旅产业数智化发展概况

一、我国数字经济发展与数字技术应用水平概述

2021 年，国家统计局《数字经济及其核心产业统计分类（2021）》首次对数字经济及其核心产业统计分类做出详细说明。然而，由于数字经济

内涵外延的不断丰富，区域数字经济发展的量化评估仍在持续发展的过程中，以量化模型的方式更加客观全面地反映新时代下数字经济发展状况，具有较强的现实指导意义。

2023年8月，工业和信息化部电子第五研究所在2022年指数报告的基础上发布了《中国数字经济发展指数报告（2023）》（以下简称《报告》），结合数字经济发展的新形势、新特点，增加要素、盈利、资本等指标，完善面向区域、产业、企业的研究框架，从发展基础、发展要素、发展能力、发展动力和发展应用五个核心维度构建指标体系。该指标体系作为全面展现我国数字经济发展的“全景图”和“风向标”，为各地数字经济发展提供方向指引，为中国数字经济发展赋能添力。

《报告》显示，数字经济具有高度发展驱动性，各地区数字经济发展指数与地区综合经济实力具有高度正相关性，数字经济对于促进地区经济发展的驱动力强劲。从总指数结果来看，我国数字经济呈现梯次发展格局，各省、自治区、直辖市数字经济发展指数分值集中在40～100，呈现3个梯队。第一梯队包括北京、上海、广东、江苏、浙江等10个省市，第二梯队包括河南、重庆、河北、贵州等12个省市，其余地区均处于第三梯队。其中，全国数字经济发展指数分值最高的3个省市分别是北京（95.6）、广东（94.8）和上海（85.8）。

从区域间的总指数和分指数来看，东部地区大多处于第一梯队，无论是总指数还是分指数均高于全国平均值，数字经济整体发展较为全面。中部地区大多处于第二梯队，总指数、分指数均处于全国平均值附近，内部发展较为均衡。西部地区在3个梯队中均有分布，川渝地区总指数相对领先。东北地区整体较其他地区有一定的差距。

与此同时，数字经济资本活力表现不均衡。2022年，数字经济企业交易事件超过23万件，主要集中在东部沿海城市，仅北京、上海、广东、江苏、浙江5地的交易事件数量就占全国的70%左右，其他各地区交易事件数量仅占1%左右，资本活跃度呈现地区分布不均衡的特征。

数字应用渗透生产生活全领域。我国数字化转型、5G应用、智慧交通、智慧医疗、数字政府等顶层设计不断完善，数字经济不断渗透到生产和生活中。上海、广东、北京和江苏数字经济应用水平位居全国前列。

从数字生产和数字生活来看，江苏、山东、浙江、福建等地的数字生产指数显著高于数字生活指数，本地产业数字化基础较为雄厚；贵州、内蒙古、吉林、云南、广西等地的数字生活指数明显高于数字生产指数，本地互联网生活服务便捷、服务经济活跃。

二、我国文旅产业数智化发展历程

（一）智慧旅游建设历程

国内智慧旅游的研究始于 2010 年，江苏省镇江市于 2010 年在全国率先创造性提出“智慧旅游”概念，随后国家开展相关建设项目，并相继开启第一批和第二批“智慧旅游”项目建设城市。随着云计算、物联网、大数据、移动互联网和人工智能等技术的进一步发展和成熟，移动互联网从 3G 过渡到 4G 又进一步发展到 5G，目前的智慧旅游有了巨大的飞跃，移动客户端的智慧旅游 App 功能不断被完善以满足游客的各项个性化需求。

2015 年 8 月，国务院办公厅出台《关于进一步促进旅游投资和消费的若干意见》，提出到 2020 年，全国 4A 级以上景区和智慧乡村旅游试点单位实现免费无线局域网（Wi－Fi）、智能导游、电子讲解、在线预订、信息推送等功能全覆盖，在全国打造 1 万家智慧景区和智慧旅游乡村。

2016 年 4 月，国家旅游局发布《关于加快推进智慧景区建设的通知》，提出：①实现景区免费 Wi－Fi 全覆盖，且用户连接简便、上网流畅、体验感强。②实现景区重点区域的视频监控全覆盖，支持录像的检索和查看，录像数据存储保留时间应超过 30 天等。

2019 年 12 月，国家发展改革委出台《关于改善节假日旅游出行环境促进旅游消费的实施意见》（发改社会〔2019〕1822 号），大力发展“智慧景区”。鼓励智慧景区建设，充分运用虚拟现实、4D、5D 等人工智能技术打造立体、动态展示平台，为游客提供线上体验和游览线路选择。鼓励各地积极提升智慧旅游服务水平，重点推进门票线上销售、自助游览服务，推进全国 4A 级以上旅游景区实现手机应用程序智慧导游、电子讲解等智慧服务。

2020 年 11 月 30 日，文化和旅游部、国家发展改革委等十部门联合印发《关于深化“互联网 + 旅游”推动旅游业高质量发展的意见》，提出 5G 网络覆盖水平、引导标识系统的智能化改造升级、无人化和非接触式设施等要在智慧景区的建设中得到普及应用，各地文旅、公安、交通、气象等部门的数据信息须得到有效整合和应用，实现旅游资源的优化配置。

（二）我国文旅产业不同业态的数智化发展历程

智慧旅游业态主要包括旅游电子商务、智慧旅行社、智慧旅游酒店、智慧旅游景区、智慧公共服务体系五个方面。

1. 旅游电子商务

旅游电子商务是以网络为主体，以旅游信息库、电子化商务银行为基础，利用先进的电子手段运作旅游业及其分销系统的商务体系，是各类旅游企业、旅游服务提供商、旅游机构以及旅游者等多方参与的多层次网状系统。旅游电子商务实现旅游资源的有效整合，开展线上旅游产品营销、旅游产品预订服务、售后跟踪服务等商业活动，促进旅游企业内部业务的高效运转，有利于扩大销售市场，增加经济效益。

从 20 世纪末国内旅游业电子化的萌芽阶段到如今的综合发展阶段（见表 3 - 1），仅仅二十几年时间，国内旅游电商已更新迭代、迅猛发展并充分融入移动互联网中，为大众，尤其是年轻游客旅行普遍接受和应用。目前，国内的主流旅游电子商务平台以飞猪旅行、携程旅行和美团 3 家综合平台为代表。新冠疫情期间，3 家平台推出“超级套餐”活动，开展旅游直播带货活动，不断挖掘和探索疫情常态化下旅游市场的可行方案，为旅游电子商务的发展开拓新的可能性。

表 3－1　我国旅游电子商务发展的三个阶段

阶段	时间范围	特征
萌芽阶段	1997—2001 年	1997 年中国旅游资讯网和华夏旅游网的成立，标志着我国真正出现基于互联网的旅游网站。此阶段旅游网站具备的信息量很少，网站设计简单、网页构成以景点介绍为主，陆续开始提供交通、住宿等在线咨询、预订等服务，但在落实预订和付款等方面还比较麻烦
发展阶段	2002—2009 年	2002 年中国首个运行 DMS 的旅游网站（南海旅游网）建成，游客可以很方便地实现食、住、行、游、购、娱等信息的在线查询等服务。2005 年第三方支付平台支付宝出现，解除了网上支付对旅游电子商务发展的限制，为网上支付提供了解决方案，加快了旅游电子商务的发展
综合发展阶段	2010 年至今	2010 年江苏省镇江市在国内率先提出“智慧旅游”概念，随后国家陆续开启第一批和第二批智慧旅游建设城市及相关项目，旅游电子商务进入综合发展阶段。至 2022 年，形成以飞猪旅行、携程旅行和美团为代表的旅游电子商务综合平台

2. 智慧旅行社

旅行社作为旅游活动的主要组织者和具体实施者，不仅是旅游业的窗口，更发挥着行业龙头带动作用，是启动旅游市场和优化旅游产品的重要保障。智慧旅行社将互联网、物联网技术和旅行社业务完美结合起来，实现售前、售中、售后质量控制的智能化，为游客提供高品质旅游服务，提升游客忠诚度。

智慧旅行社的建设，不仅实现了面向游客的网站服务和手机客户端服务两项基本功能，还在业务上实现了与智慧旅游大平台之间、智慧旅行社各系统之间的有效对接，使得各系统之间资源共享、信息互通、数据统一，作为一个整体更好地为海内外游客服务。在互联网向物联网转型的背景下，智慧旅行社的建设成为旅行社转型升级的必由之路。

3. 智慧旅游酒店

随着酒店服务日趋激烈的竞争和不断攀升的客户期望，业内人士不断寻求扩大酒店销售、改进服务质量、降低管理成本和提升客户满意度的新法宝，以增强酒店的核心竞争力。其中，最有效的手段就是大规模应用先进的信息化技术，变革传统意义上的酒店业竞争方式和经营管理模式，进而构筑新的竞争优势。因此，酒店的竞争主要在智能化、个性化、信息化方面展开，智慧酒店悄然兴起。作为智慧旅游的一部分，智慧酒店的建设是中国酒店业产业结构调整、升级的重大契机和必然选择。目前，国内智慧酒店建设开展得如火如荼，智慧酒店既实现了资源集约、低碳环保，又降低了酒店的经营成本，提高了酒店的经济效益，促进了经济、社会、生态和文化价值的综合提升与酒店业的可持续发展。

4. 智慧旅游景区

改革开放40多年来，我国经济取得了突飞猛进的发展，旅游业进入爆发性增长阶段。游客数量暴增，特别是散客时代的到来，让游览需求更加多样化，诸如附近的停车场是否有空车位，最近的洗手间在哪儿，特色餐厅距离当前位置有多远，排队状况如何，去往下一个景点的电瓶车、游船几点能来等细微琐碎的服务需求单纯依靠传统方式已难以得到满意答复。同时，对于景区管理者来说，旅游管理中面对的种种问题也急需大数据的帮忙。如何快速向游客推送景区各类信息，如何获知人流热度以便及时指挥调度，如何管理景区的景点、道路、设施相关数据，这些都是国内更多传统景区转型中亟须攻克的难点。

5. 智慧公共服务体系

旅游公共服务是指由政府或其他社会组织提供的、不以营利为目的且具有明显公共性的、以满足旅游者共同需求为核心的公共产品和服务的总称。旅游公共服务体系是指在一定的旅游公共服务供给模式与政策规范下，依据一定的旅游公共服务的供给方式而形成的旅游公共服务系统。旅游公共服务体系的范畴主要包括信息系统、交通系统、安全保障系统、志愿者系统、科普与教育系统。

智慧公共服务体系是面对散客时代对于旅游信息资源的巨大需求，将智慧的思想和手段植入城市旅游公共服务的运营与管理过程中，以实现旅游城市整体运营方式转变的一种新型的旅游宣传营销与接待服务体系。该体系具有全面物联、充分整合、协同运作和激励创新的特点，可为游客、旅游供应商提供个性化、自助化、便捷化、一站式的旅游服务。

三、我国文旅产业发展现状与趋势

中国互联网协会发布的《中国互联网发展报告2023》所披露的数据显示，尽管疫情三年旅游业受到重创，但是在线旅游的渗透率呈现稳步提升的态势，预期达到60%，和欧美发达国家同业水平接近，甚至在移动端的某些业态上已经超过了欧洲的一些市场。可以看出，文旅行业消费端的数智化已经步入“深水区”（见图3－1）。

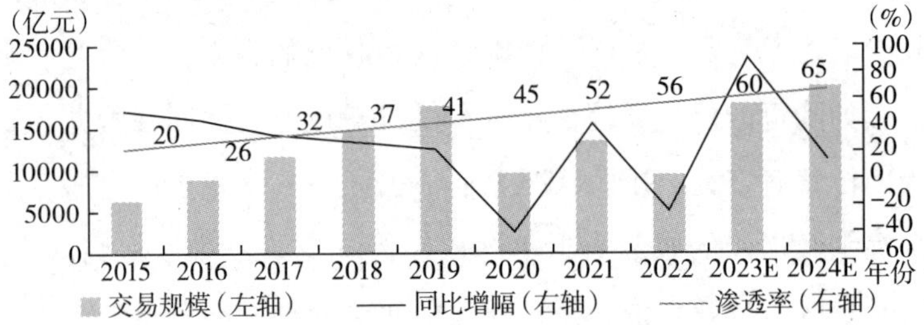

图3－1　2015—2024年中国在线旅游市场规模增长趋势与预测

资料来源：《中国互联网发展报告2023》。

当前，整个在线旅行服务平台（OTP）以及其他文旅企业都在加快数字化关键核心技术攻关，夯实数字基础设施，从SaaS的推广应用中便可窥得一斑。加快推进产业数智化的覆盖工作使得景点、旅游服务企业、餐饮门店、传媒企业、交通客运企业、酒店、消费者等众多参与方实现更强互联互通。

一场轰轰烈烈、影响深远的文旅行业数智跃迁已行至关键节点，文旅数智化逐渐迎来新节奏、新场景、新生态。在把握新发展阶段的基础上，目前有三大趋势值得关注。

第一，文旅产业智能化改造施工提速，全面协调的智能运营普及。疫情加速了文旅产业数智化的步伐，经过疫情三年，关键文旅服务平台已经能够全面应用于景区的管理，从而更有效地提供更优质的游客体验，比如及时监测客流量避免过度聚集、提示等待时长减少排队客诉等。

“无预约不出游”是倒逼文旅产业数智化升级后的一个新常态。目前，5A级景区已基本实行分时段预约旅游制，95%左右授权第三方预约通道。从预约端口的搭建方式来看，虽然部分通过自研，部分依靠第三方开发，但究其实效都是在基建基础上进行数字化改造，推动文旅企业实现数智化飞跃。

保障运营效率也是推动文旅产业数智化变革的重要诱因。疫情时期经营困难的文旅企业不在少数，用AI代替人工实现降本增效是这些企业的普遍选择。通过前中后台全流程数字化、标准化等提高运营效率，进而提高自身盈利水平。

第二，文旅产业数智化应用新场景层出不穷。疫情三年涌现了多个新技术潮流，从区块链到元宇宙再到AI，技术趋势的改变在文旅相关的技术应用上同样有所体现。比如内容层面的创新——沉浸式体验已被广泛应用于博物馆、旅游演艺活动中。云体验仍然是内容发展的一个重要方向，相较于传统仅凭借获取景点图文信息来制订出游计划，借助360度实拍和VR全景制作的云全景VR，智慧旅游平台可为用户提供一种“身临其境”的虚拟旅游体验，使其出行路线决策更加直观化，更具有种草效应。

住、行、购相关数智化创新场景也正在崛起。部分机场开发出的小程序具有室内地图导航、商贸餐饮导航以及线上订餐购物等功能，一些大型的酒店平台也与其周边商户进行联动，如以房间电视为载体，通过引入周边商业生态，创造一些新的消费场景。后端运营管控与前端智能化服务的打通已经深入各个领域，尤其是酒店行业，已基本实现全屋智能，客人预订和入住可以通过机器人导办，入住后还能够用语音助手控制客房内的各种设备，享受更加便捷的服务。此外，还可实现客房状态的实时监控，自动完成客房清洁、维修等工作，甚至连布草的清洗，都可以通过扫描其上二维码获知相关洗涤信息。

数字藏品赋能文旅产业也已成为时下热点。许多文旅单位抢抓机遇，通过将实体文旅优质内容转化为数字化形式交易创收。数字藏品在传播推广文旅产业 IP、挖掘商业价值上潜力无限，但由于目前国内数字资产的价值定位存在法律空白，也尚未形成完整的价值规律，我们对数字藏品的发展，仍需持审慎态度。

第三，对数智化生态的构建与维护重视程度明显加深，文旅数智生态圈建设如火如荼地展开。过去几年，各文旅企业倾向于关注自身数智化的升级和改造，但独木难支，产业生态建设势在必行。现阶段，产业整体更侧重先以大平台、大企业为主建立生态圈，实现业务流程和产业链的初始化改造，实现产业链上下游高效配套。大平台普遍具有产业链数智化的先天优势与便利条件，文旅行业同样如此。

住宿产业方面，酒店共享智慧云未来。以同程旅行为例，旗下艺龙酒店科技不仅有自己的 PMS 矩阵，还借助 PMS 品牌持续赋能产业链，从民宿到高端、中小酒店，甚至是单体酒店，都有相应的 PMS 子品牌覆盖。同时，在后端的运营上，如智慧布草等，都使用了自己的品牌和技术。酒店的采购系统除了实现线上采购，也与前端（面向 C 端的客房销售）联通，允许企业用住房权益来抵扣采购物资的资金。住宿产业的智慧云生态价值正在逐步被挖掘出来。

交通方面，交通票务迎来 SaaS 新时代。交通运输部“十四五”规划重点提出支持交通票务一体化发展，在这样的背景下，SaaS 的应用是必备的。SaaS 的普及一方面对内支持交通运输企业进行快速的数据查询及高效的业务管理，另一方面也加强航运、铁路、公路的联合协作，提高了联运平台的综合服务能力。

旅游平台方面，旅行社 3.0 业态诞生。当下，如同程、携程、途牛等旅行社不仅将业务“搬”到线上，还着力建设平台生态。通过吸引各区域、各行业商户入驻，省去诸多外联环节，也减少人力资源的投入。

除了大平台，大部分强势企业也将数智化作为初始的经营“护城河”。这个趋势在酒店行业较为明显，首先体现在这些强势企业自建的数智化系统从封闭走向开放。比如华住集团，作为中国头部的酒店集团，已在着手建立自己的数字化生态，其内部智能运营系统早期仅服务于用户及加盟店，但现在也对线上旅游平台（OTA）、线下的服务商开放。

其次是与大平台的竞合呈现新局面，同程、携程等大 OTA 与华住等头部住宿平台并非对立关系，其在会员业务上也开展多样化的深度合作，例如在各自的平台上实现多项会员权益打通、积分兑换等。

另外，强势企业也通过转变角色，从“淘金者”到“摆渡人”，从单纯出售系统与技术到帮助合作伙伴完成数智化改造，提升自身生态圈“数智护城河”的价值。

第三节　我国文旅产业数智化发展的先进经验与成功模式

我国在文旅产业数智化发展方面取得的先进经验和成功模式，体现在多个层面的创新与实践上，涵盖了数字化基础设施建设、智慧旅游平台构建、文旅融合品牌打造、文化遗产数字化保护与利用、市场主体培育与壮大、国际交流与合作以及智慧文旅建设和市场监管等多个方面，形成了全方位、多层次、系统化的数智化发展模式。其中，浙江与河南等地因地制宜、灵活多元的文旅产业数智化转型先进举措与创新发展模式尤为值得借鉴。

一、文旅产业数智化发展的优秀案例

我国文化和旅游部公布了 2023 年文化和旅游数字化创新实践案例，包括十佳案例和 34 个优秀案例（较 2022 年增加了 14 个），集中示范推广文化和旅游领域数字化创新的最新成果。这些案例聚焦 5G、人工智能、大数据、云计算等数字技术在文化和旅游领域的创新应用，如表 3－2、表 3－3 所示。

该次公布的示范案例主要包括文化和旅游数字化创新的五个重点领域：一是创新文化表达方式，运用数字化手段创新艺术表现形态，应用数字化工具助力艺术创作生产；二是提升公共文化服务数字化水平，加强公共数字文化资源建设，优化基层公共数字文化服务网络；三是促进文化机构数字化转型升级，将文化资源数据采集、加工、挖掘与数据服务纳入经常性工作；四

是发展数字化文化消费新场景，充分利用文化设施、旅游服务场所搭建数字化文化体验线下场景，拓宽文化内容数字分发渠道，强化智慧旅游场景应用；五是构建文化数字化治理体系，提高文化数字化政务服务效能。

表 3－2　2023 年文化和旅游数字化创新示范十佳案例名单

序号	名称	类型	申报单位
1	沉浸式戏曲《黛玉葬花》创新越剧表现形态	创新文化表达方式（运用数字化手段创新艺术表现形态）	上海戏剧学院
2	国家图书馆数字赋能古籍活化	提升公共文化服务数字化水平（加强公共数字文化资源建设）	国家图书馆
3	“浙里文化圈”助力公共文化服务智达惠享	提升公共文化服务数字化水平（优化基层公共数字文化服务网络）	浙江省文化和旅游厅
4	丝绸纹样数据采集与应用推动文化机构数字化转型升级	促进文化机构数字化转型升级（将文化资源数据采集、加工、挖掘与数据服务纳入经常性工作）	苏州丝绸博物馆
5	百度文心大模型创新文化产品生产方式	促进文化机构数字化转型升级（应用数字化工具助力艺术创作生产）	北京百度网讯科技有限公司
6	抖音直播促进文艺表演团体数字化转型升级	发展数字化文化消费新场景（拓宽文化内容数字分发渠道）	北京微播视界科技有限公司
7	《风起洛阳》虚拟现实全感剧场搭建数字化文化体验线下场景	发展数字化文化消费新场景（充分利用文化设施，搭建数字化文化体验线下场景）	北京爱奇艺科技有限公司
8	《红楼·幻境》数字展构建沉浸式数字文化空间	发展数字化文化消费新场景（充分利用文化设施，搭建数字化文化体验线下场景）	北京雅昌艺术数据有限公司
9	“黄山先游后付·信用游”强化智慧旅游场景应用	发展数字化文化消费新场景（强化智慧旅游场景应用）	黄山旅游发展股份有限公司
10	“文管在线”推进实现文化数字化治理	构建文化数字化治理体系（提高文化数字化政务服务效能）	杭州市文化市场行政执法队

资料来源：中华人民共和国文化和旅游部网站“政府信息公开”。

表 3－3　2023 年文化和旅游数字化创新实践优秀案例名单

序号	名称	类型	申报单位	简介
1	沉浸式数字光影演艺《寻迹洛神赋》	创新文化表达方式（运用数字化手段创新艺术表现形态）	洛阳大河荟商业管理有限公司	沉浸式数字光影演艺《寻迹洛神赋》中，数字行浸演艺利用水幕投影等技术，在有限空间实现多场景转换；《河洛掌灯》光影秀利用混合现实、体感交互等技术，传播河洛文化、中国二十四节气文化
2	柯尔克孜族英雄史诗《玛纳斯》说唱全息展演		新疆触彩数字科技有限公司	柯尔克孜族英雄史诗《玛纳斯》说唱全息展演利用虚拟仿真全息舞台数字系统，将模拟场景与人物影像相叠加，实现裸眼三维显示效果，还原现场表演的真实感
3	中国国家话剧院线下演出、线上演播“双演融合”模式		中国国家话剧院	中国国家话剧院积极探索线下演出、线上演播“双演融合”模式，打造“5G 先锋智慧剧场”；推出直播话剧《铁流东进》《抗战中的文艺》
4	虚拟现实舞蹈《十二生肖·卯兔邀月》		中国东方演艺集团有限公司	中国东方演艺集团有限公司利用数字特效，制作了虚拟现实舞蹈《十二生肖·卯兔邀月》，观众佩戴虚拟现实眼镜，欣赏舞蹈演员在虚拟场景空间和视觉景观中的表演，增强了沉浸感和体验感
5	“世界文学之都”数字空间	提升公共文化服务数字化水平（加强公共数字文化资源建设）	南京市文化投资控股集团有限责任公司	“世界文学之都”数字空间提取 3735 个文学地名、4162 部文学作品、653 位文学人物，建设文化资源数据库，展现南京历史文化；利用文学馆旧址，建设数字化文化体验线下场景“世界文学客厅”；集成 1000 多个文旅景点、文化空间信息，为市民游客提供文旅地图、旅游线路推荐等服务

续表

序号	名称	类型	申报单位	简介
6	福州群文一码通		福州市文化馆	福州群文一码通建设数字文化资源库，发布音乐、舞蹈、美术、书法、摄影、戏剧等艺术慕课资源；打造非遗线上展厅，展示300余件非遗展品；集成演出索票、培训报名、志愿团队注册管理、非遗名录查询等功能，公众扫描二维码，即能参与演出、培训、非遗体验等群众文化活动
7	河南非遗一张图		河南省非物质文化遗产保护和智慧化中心	“河南非遗一张图”主要包括非遗图谱、非遗名片和非遗地图等功能，实现了非遗信息采集、呈现与关联；推出“太极拳一张图”和“非遗美食打卡赛”，以数字化手段促进非遗传承发展
8	“世界的记忆——中国传统音乐录音档案”数字平台和“传统音乐档案”应用程序	提升公共文化服务数字化水平（加强公共数字文化资源建设）	中国艺术研究院	“世界的记忆——中国传统音乐录音档案”数字平台和“传统音乐档案”应用程序，收录了我国藏族、维吾尔族、苗族等50余个民族的传统音乐，并对约1.1万条音频数据进行展示和发布，涉及古代音乐、民间歌曲、曲艺音乐、戏曲音乐等12类，是中国艺术研究院对院藏中国传统音乐录音档案数字化抢救与保护的重要成果
9	馆藏资源三维数据后期处理技术创新与应用		中国国家博物馆	中国国家博物馆利用计算机图形学算法和人工智能技术，研发馆藏资源智能化三维数字化软件，并将三维数据用于藏品保护、复制、展览展示及文创产品开发等
10	“四史”融媒体学习系统		中国数字文化集团有限公司	“四史”融媒体学习系统利用多媒体、虚拟现实等技术，实现权威“四史”、红色足迹、精神谱系等功能，将党史故事生动呈现，提升党员干部的学习体验感

续表

序号	名称	类型	申报单位	简介
11	智能机器人在图书馆中的应用	提升公共文化服务数字化水平（推进智慧图书馆体系建设）	中新天津生态城图书档案馆	中新天津生态城图书档案馆利用迎宾、服务、互动、售卖、分拣、运输、盘点、搬运8类40余台智能机器人，提供咨询、导航、借还等自助服务
12	基于视觉识别技术的自助借还书系统		湖南图书馆	基于视觉识别技术的自助借还书系统可以直接对图书封面图像进行识别，实现图书自助借还，解决了利用射频识别技术标签成本高、易损毁等问题，有效节约图书馆管理成本，提高服务效率
13	基于全流程自动化智能立体书库的网借服务模式		佛山市图书馆	基于全流程自动化智能立体书库的网借服务模式实现图书存取、流通分拣、出库入库全流程自动化，提供“线上平台下单、快递送书到家”的服务，提高了图书馆服务效率，拓展了服务范围
14	“开放式”无感智慧借阅系统		重庆图书馆	“开放式”无感智慧借阅系统综合应用人脸识别、射频识别技术，在图书馆借阅区域置顶安装人脸识别摄像头、射频识别芯片感应设备，自动识别、关联读者及图书信息，实现无感知图书借阅服务，提升读者借阅效率
15	江苏公共文化云运营推广	提升公共文化服务数字化水平（推进公共文化云建设）	江苏省文化馆	江苏公共文化云统一数据规范和标准，指导省内各级文化馆实现资源数据共建共享；开通点单服务、开展智能推荐，精准满足公众文化需求；打造乡村特色品牌，制作沉浸式体验资源，策划乡村笑脸征集、“乡村达人”评选、“直播推荐”等线上活动，带动乡村文旅消费和线上文创消费；已累计服务超6.2亿人次，提升了公共数字文化服务的覆盖面和影响力
16	武警部队万里边疆数字文化进军营建设项目	提升公共文化服务数字化水平（优化基层公共数字文化服务网络）	中国人民武装警察部队政治工作部	武警部队升级军营文化场所，联通公共数字文化资源，推动边疆军营数字文化建设。引进国家公共文化云等数字文化资源20余类，升级或新建荣誉墙、强军影院、图书室等数字文化场馆9000余个，开展在线朗读、云上学史、线上观影等文化活动15.6万场次

续表

序号	名称	类型	申报单位	简介
17	《龙凤呈祥》线上演播	发展数字化文化消费新场景（拓宽文化内容数字分发渠道）	国家京剧院	国家京剧院连续三年在春节期间推出经典剧目《龙凤呈祥》线上演播，观众可以自由选择观看角度；开发“云导赏”“云解说”等辅助观演功能；围绕《龙凤呈祥》推出微纪录片《余音绕梁》、综艺节目《戏曲正青春》、虚拟现实体验节目《京剧人生》、首位京剧数字人和主题文创产品。演播运营收入180余万元
18	《舞上春》线上演播		中国歌剧舞剧院	中国歌剧舞剧院利用4K高清多视角、360度自由视角等技术拍摄制作《舞上春》，并进行线上演播，同时推出“动态视频数字艺术藏品”和《舞上春》文创产品，线下线上总票房超200万元
19	中央民族乐团探索舞台艺术数字化传播方式		中央民族乐团	中央民族乐团与抖音开展全方位合作，推出“乐上花火·国乐大会”“山河国乐·公益星期二”等活动；建立公会，与艺术家签约并提供培训和指导，推动艺术家利用互联网平台开展线上演播，探索线上演播商业模式
20	沉浸式线下体验空间“慢坐书局”	发展数字化文化消费新场景（充分利用文化设施，搭建数字化文化体验线下场景）	完美世界（北京）软件科技发展有限公司	沉浸式线下体验空间“慢坐书局”将书店改造成剧本娱乐场所，利用对象识别、增强现实、定位同步等技术，为玩家提供虚拟场景与现实场景相结合的沉浸式体验，玩家可以通过手机识别场景中的道具，进行推理解谜，推动剧情发展，提升剧本娱乐活动的参与感和体验感
21	法海寺壁画艺术数字展		北京法海艺舟文化传播有限公司	法海寺壁画艺术馆设置壁画厅、球幕厅、复原厅等展示空间，利用数字多媒体技术和光影技术展示壁画内容，通过构图技法对比、人物服饰解读等方式，深入挖掘阐释法海寺壁画的前世今生、历史文化和艺术价值
22	齐白石沉浸式数字光影艺术展		山东金东数字创意股份有限公司	齐白石沉浸式数字光影艺术展以《天趣画境》为主题，利用全息呈现、数字孪生等技术，设置三个沉浸式光影空间和两个互动空间，对齐白石的艺术作品进行活化展示，展现齐白石的人生经历和艺术流变

续表

序号	名称	类型	申报单位	简介
23	中国戏曲数字人表演体验系统	发展数字化文化消费新场景（充分利用文化设施，搭建数字化文化体验线下场景）	中国艺术科技研究所	中国戏曲数字人表演体验系统利用摄像头和惯性动作捕捉设备，实时捕捉体验者的面部表情和动作，驱动采用虚幻引擎制作的数字人进行表演，使体验者拥有置身戏曲舞台的表演体验
24	“实景演艺 + 光影水舞秀”数字化体验新空间	发展数字化文化消费新场景（充分利用旅游服务场所，搭建数字化文化体验线下场景）	唐山世园投资发展有限公司	唐山南湖 · 开滦旅游景区利用数字多媒体技术和光影技术，推出沉浸式实景体验剧《那年芳华》和《相期吾少年》；利用水景技术，打造光影水舞秀，展示金凤展翅飞舞的水型图案等
25	滕王阁（5A 级旅游景区）江右文化数字体验馆		南昌市滕王阁管理处	滕王阁（5A 级旅游景区）江右文化数字体验馆运用人工智能、动作捕捉等技术搭建数字化文化体验线下场景，设置“壮游江右”“江右名人行迹图”“阳明心学”“赣音袅袅”等数字化展项，展示江右文化风貌
26	宜昌博物馆（4A 级旅游景区）互动研学项目		宜昌博物馆	宜昌博物馆（4A 级旅游景区）互动研学项目利用人工智能、增强现实等技术，将展陈与虚拟剧情相结合，打造自然环境、人文历史、宇宙星空、文学艺术、人类社会、科学技术六类研学课程，供研学者开展探索、推理、解谜、学习
27	玉门市“玉门之光”工业体验馆（3A 级景区）		玉门市玉门关文化旅游开发有限责任公司	玉门市“玉门之光”工业体验馆（3A 级景区）设置“祁连山下找石油”“惊天一爆响世界”“为城市发电”等 22 个互动体验项目，以数字化手段展现玉门石油文化，带动红色旅游、工业旅游、研学旅游发展
28	永定土楼（5A 级旅游景区）“天涯明月刀”沉浸式数字文旅体验项目		福建客家文化旅游集团有限公司	永定土楼（5A 级旅游景区）“天涯明月刀”沉浸式数字文旅体验项目以“天涯明月刀”为主题，通过对环兴楼进行修缮改造，打造天刀沉浸式剧场、天衣华裳华服旅拍中心、古书展览馆、非遗体验区等

续表

序号	名称	类型	申报单位	简介
29	携程问道	发展数字化文化消费新场景（强化智慧旅游场景应用）	携程计算机技术（上海）有限公司	携程问道是一款基于大语言模型技术研发的智能旅游助手，通过学习景点信息、酒店设施等旅游知识，以及分析和挖掘游客行为数据，智能地为游客提供景点、酒店、机票等信息查询服务，并提出个性化的旅游建议
30	主题公园人工智能物联网运维管理平台		华强方特（深圳）科技有限公司	主题公园人工智能物联网运维管理平台利用北斗卫星导航、人工智能、物联网等技术，实现对园区内机电、游乐、照明、音视频、水景水雾等设备的集中运维和精准调度，提高管理效率和安全生产管理水平，降低园区运维成本，已在10余家华强方特主题公园中落地应用
31	游云南人工智能助手		云南省文化和旅游厅	《游云南》人工智能助手基于大语言模型开发，结合海量的云南旅游资源数据回答游客提问，为游客提供旅游路线规划、天气查询、门票和酒店预订等服务
32	火星信号源体验项目		冷湖火星小镇文化旅游开发有限公司	火星信号源体验项目针对冷湖俄博梁地区雅丹地貌打造，通过实现无人区高精度北斗定位、构建低功耗“5G + 北斗”短报文协同通信、搭建智慧景区管理与服务系统，提升旅游公共服务质量，规范游览路线，保护景区地貌
33	“浙里有戏”应用程序	构建文化数字化治理体系（提高文化数字化政务服务效能）	临海市文化和广电旅游体育局	“浙里有戏”应用程序包括“管戏扶戏”“找戏看戏”“有戏好戏”等功能，推动解决基层演出市场监管难、供需错位、服务水平低等问题，进一步优化演出市场管理与服务
34	“数字赋能”四川文旅志愿服务平台		四川省文化馆	“数字赋能”四川文旅志愿服务平台包括志愿服务记录、管理、展示等功能，实现志愿者一体化管理，为构建全省统一规范的文化和旅游志愿者服务体系提供数字支撑

资料来源：中华人民共和国文化和旅游部网站“政府信息公开”。

示范案例聚焦文化和旅游数字化共性问题，充分应用人工智能、虚拟现实等数字新技术，在引领、支撑文化和旅游行业发展方面取得实效。如百度文心大模型应用生成式人工智能技术，个性化生成美术和音乐产品，创新文化产品生产方式；沉浸式戏曲《黛玉葬花》应用虚拟现实技术，将虚拟的越剧表演与真实的舞台装置有机结合、叠加显示，创新观演模式（见图3－2）；永乐大典高清影像数据库应用三维复原技术，沉浸式展示《永乐大典》40册75卷内容，促进文化资源全民共享（见图3－3）；“文管在线”系统应用智能识别技术，实时监测网络主播，提高文化和旅游市场监管执法效能。

图3－2　沉浸式戏曲《黛玉葬花》创新越剧虚拟现实技术

资料来源：文化和旅游部网站。

文化和旅游部科技教育司有关负责人表示，该次公布的示范案例重在以数字技术赋能文化艺术创作生产、助力公共文化服务水平提升、驱动文化和旅游业态创新等。一是重在以数字技术传播中华优秀传统文化，坚持守正创新。如《红楼·幻境》数字展（见图3－4）、虚拟现实舞蹈《十二生肖·卯兔邀月》创新传承经典，丰富文化艺术表现形态。二是重在以数字技术扩大公共文化服务覆盖面，推动服务普惠应用，满足人民群众的文化需求。如“世界文学之都”“浙里文化圈”整合公共文化服务资源（见图3－5），实现数字内容开放供给和惠民服务便利预约。三是重在以数字技术推进模式创新、业态创新、方式创新，赋能文化和旅游高质量发展。

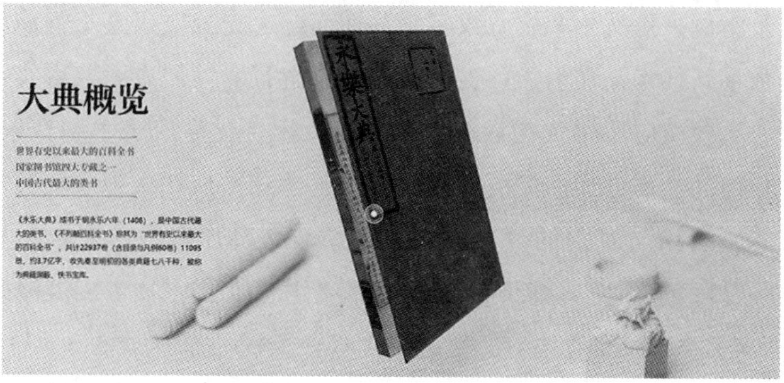

图 3-3　永乐大典高清影像数据库数字全景展示

资料来源：文化和旅游部网站。

如抖音直播打造云上演出场景，构建“线上线下融合，演出演播并举”的“双演”模式，助力文艺表演团体数字化转型升级。

图 3-4　《红楼·幻境》沉浸式数字文化空间展示

资料来源：文化和旅游部网站。

图 3-5　“浙里文化圈”智能公共文化服务应用界面

资料来源：文化和旅游部网站。

二、河南龙门石窟景区数智化发展模式与经验

龙门石窟景区秉持“服务游客、连接游客、传播文化、提升运营”的初衷，启动了智慧文旅数字孪生平台建设，采用前沿数字孪生技术和人工智能技术，利用渲染引擎、交互引擎、实时光影、数字还原等技术对龙门石窟景区周边31.7平方千米地形地貌、交通路网、文化遗存、山田林河、生态植被进行中精度还原，对周边村落进行三维建模；采用激光点云技术，对石窟区进行中精度扫描和对象化建模，真实还原其外观和纹理；对奉先寺卢舍那大佛等佛像进行结构精度1毫米、纹理精度1毫米高精度还原，达到信息留存保护、可制作仿品的目的。

平台综合运用物联网、大数据、云计算、人工智能等技术，建立有效统一的管理、服务、营销等信息系统，为游客提供虚实结合的互动式体验，提升景区“文化+科技”服务能力，实现各已有业务系统数据汇集，优化景区智能运营。

为充分发挥龙门石窟景区深厚的历史文化资源优势，增强广大受众群体与文物保护之间的情感联结，推动龙门石窟的文化IP传播，实现景区经济发展质量变革、运行效率变革及管理动力变革，龙门石窟启动建设智慧文旅数字孪生平台。平台将文物保护与数字技术及文旅体验整合为一体，把文物遗迹、石刻艺术等通过技术手段多元化呈现给游客，让文物的历史价值、文化价值、科学价值以及艺术价值更易于被游客接受，让游客可以全方位地了解龙门文化，同时整合景区海量数据资源，突破单一维度“信息孤岛”，实现了“连通游客、传播文化、永续发展”的愿景。文化遗产具有“不可再生、不能永生”的特殊性，伴随着地质灾害、风雨侵蚀等自然因素的影响，当前龙门石窟的文物修复及保护工作迫在眉睫。利用数字化手段修复、保存文物能使龙门石窟造像在最大限度上保存它最初始、最真实的面貌。

平台充分利用数字孪生、云计算、物联网、大数据、人工智能、虚拟现实等技术，让优秀文化和文化遗产“活”起来。利用激光点云结合倾斜

摄影等技术，打造了一个人人可以随时随地参观的数字化龙门石窟，并选择龙门石窟体量较大、气势恢宏，具有展示价值的整体洞窟，对造像进行1毫米级精度的三维模型数据采集，快速高效实现360度全方位、高精度、高保真度复原呈现，以“科技+文化”的形式，让游客能裸眼全方位观赏到洞窟3D模式的高清景象，并能近距离感受石窟完整形制、精美造像和千余年来风化造成的细微痕迹。

时空大数据综合分析研判，助力景区智慧化运营。该平台在数字孪生平台上叠加红外线观测数据、视频识别数据、传感器数据，结合大数据分析、AI算法，准确计算、预测出景区内景点的客流密度、客流分布、游客行为习惯等，成为龙门石窟智慧化运营管理的重要依托，实现景区资源一张图监控、设备一张图控制，通过一张图一览景区所有情况，助力景区利用大数据技术实现管理水平、服务质量、运营能力的提升，打造从数字化管理到智慧化运营，再到品牌化营销的全流程一站式解决方案。该平台是集数据融合、全景展示、全域管理、统筹规划、公共服务等多功能、多场景于一身的数字孪生文旅系统（见图3-6）。

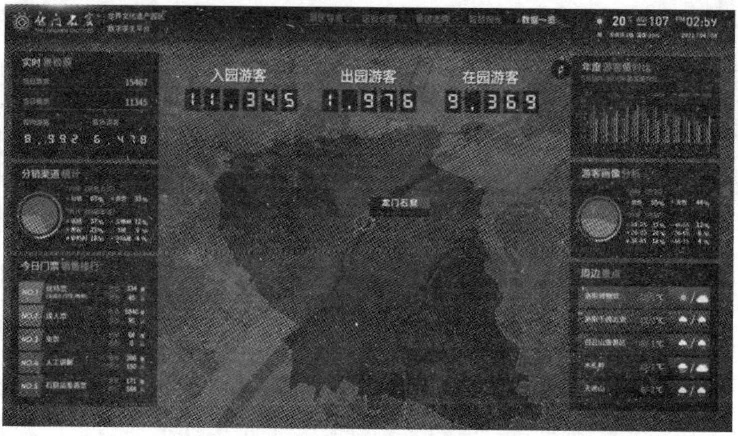

图3-6　龙门石窟世界文化遗产园区数字孪生平台界面

在数字化管理方面，融合景区现有信息系统的数据资源，实现景区跨网络、跨平台、跨区域实时精细化、数字化管理，从景区日常运行全时空监测到突发事件快速联动处置一站式解决。

在智慧化运营方面，基于景区数字孪生底座结合时空数据智能分析技术，对景区内的客流、环境监测、景区商业销售、游客行为等数据进行全面、透彻、及时的感知、监测和分析，为景区的科学运营及决策优化提供有力支撑。

在品牌化营销方面，通过数字孪生等技术对景区文化遗产景观进行数字化复原，形成数字档案，将文化遗产转化为数字资产；同时，基于数字化场景深入挖掘其中的文化内涵，围绕文化遗产 IP 打造文创生态产业链，提高经济效益；并结合 VR、AR、AI 等前沿技术创新游览体验，为文化遗产注入新的生命力；利用新媒体传播特性吸引游客参与景区文创 IP 的多元化传播营销，实现文化遗产品牌化战略。

作为景区智慧旅游建设成果，将数字化触角延伸到龙门石窟智慧化管理的各个领域，通过扩大优质数字文化产品供给，提升景区质量效益和核心竞争力；通过科技创新培育新型业态，促进产业提质升级，增强龙门石窟发展新动能；通过数字化技术展示、情景式代入和沉浸式互动体验，让“文化复活”和“历史重现”，使龙门石窟焕发新的光彩。

该平台以数字孪生技术和时空 AI 技术为依托，全面融合景区全域时空大数据，实现全域资源数据共享。通过对文化遗产的数字化复原、虚拟化展示，为游客带来不同于以往的全景沉浸式、指尖云游体验，为实现文旅融合智慧化创新发展提供了有力支撑，以文旅深度融合发展促进和带动文物保护及研究质量持续提升，助力龙门石窟世界文化遗产发挥更广泛、更持久的文化影响力。

平台结合时空数据智能分析技术，对景区内的客流、设施利用率、商业销售、游客行为等数据进行感知、监测和分析，提升了景区的科学运营及决策优化效能，探索了“数字孪生赋能文化遗产保护与数字文旅”新模式。

第四章　我国文旅产业数智化发展制约因素及痛点问题分析

第一节　文旅产业数智化发展的制约因素

我国文旅产业发展已取得了显著成绩，然而随着经济社会快速发展，文旅产业在面对各种变革与挑战时存在的问题与矛盾亦日益凸显。文旅行业发展重心已转向产业端的数智化部署，标志之一是整个文旅产业的数智新基建逐步完善。尽管诸多企业已拓宽线上渠道，但仍然存在很多传统文旅消费场景，如景区游客中心、客运站等，数字化布局尚处于初级阶段。我国文旅产业在数字化与智能化发展的道路上，依然存在许多问题与障碍因素。

一、文旅资源保护与活化之矛盾

（一）保护的覆盖范围和力度仍较为有限

这主要是指遗产保护和文物管理工作的覆盖范围。尽管全国重点文物保护单位已经颁布七批，不可移动文物“三普”和可移动文物“一普”后，绝大多数价值较高的文物已初步被纳入管理体系，不可移动文物的“四有”工作也比十年前有了很大改善，但现状仍不容乐观。以现存的近77万处不可移动文物（第三次全国不可移动文物普查显示，我国不可移动文物有76.67万处）为例，保存状况堪忧的占多数，其中，保存状况较差的占 17.77%，保存状况差的占 8.43%，约 4.4 万处不可移动文物已消失，其中，50% 以上是由于人为破坏和工程建设等原因。级别较低的文物保存状况尤为不好，四川省乐山市文化广电新闻出版局副调研员王军的研究《田野文物保护的“硬伤”在哪里》发现：“（不可移动文物的）83.3% 散落在县（区）以下的农村地区或广袤的乡野间。近年来，由于受分布范围广、数量规模大、监管能见度低等客观因素制约，全国乡野文物失管、失防、失窃案件频发。”

从管理角度而言的覆盖范围仍不到位，体现在以下三个方面：

1. 数据入库和资源晰权工作还有很多漏洞

《国务院关于进一步加强文物工作的指导意见》（国发〔2016〕17 号）“重在保护”第一条第一款就是“健全国家文物登录制度”，其中规定“建立国家文物资源总目录和数据资源库，全面掌握文物保存状况和保护需求，实现文物资源动态管理，推进新资源社会共享”。换言之，真正全方位摸清家底，将文物存量中逸散在乡野的家底也摸清并将其纳入数据库动态管理，才是基于细化保护需求的动态精细化全覆盖。这种做法才算得上“与人口普查等措施和制度较先进的工作看齐”。否则，总有看不到或“看”不住的文物发生想不到或想不起的事件。而资源确权方面的漏洞更多，大量文物仍处于无权可依甚至流离失所的状态。

2. 遗产的管理机构和管理措施不够完善

近年来遗产外延的不断拓展、工作要求的不断提高，显著扩大了遗产保护工作的范围，不仅近现代建筑、重要史迹和工业遗产等被不断“迭代”进入文物范畴，与大运河、万里茶道等不断加强保护的线性文化遗产等有关的更多实体也被确定为文物，或者具有高度关联性的区域也被纳入文物工作统筹的范围。然而与此同时，遗产管理机构和管理措施则没有相应跟上。像大运河这样实际上包括了物质文化遗产和非遗、自然遗产的综合体，却没有综合性的文物管理机构来统筹协调，甚至没有文物部门可发挥主导作用进行整体规划及搭建广泛通用的信息共享平台。对这些跨区域、跨领域的综合性遗产，文物部门缺少管理手段，很有可能出现“失控”状态。

3. 遗产保护方面的日常安全工作存在漏洞，不平衡现象非常突出

文物安全防范基础工作仍显薄弱，文物安全工作被动局面尚未得到根本性扭转。此外，文物保护中的不平衡现象非常突出，这在不可移动文物中体现得尤为明显。省级以下文物保护单位的保护普遍较差，与全国重点文物保护单位的保护状况、保护机构人员经费配置等差别非常大，低级别文物被随意破坏的现象基本没有得到遏制。贯彻专业监督，才能发现文物的安全漏洞。

保护不平衡、不到位这两个方面的问题，可能在某些文物保护中集中出现。例如，“大运河文化带”是以大运河为文化和自然线索关联起来的区域总称，具有以下三个特点：强文化关联性，即与运河相关的物质文化遗产和非遗可以文化或经济的方式吸引人流、物流；强自然关联性，即与运河同处于一个水生态系统中，包括支流和运河两岸的集雨区；区域的经济社会发展等已与运河产生了密切关联。按这样的标准，文物工作的覆盖范围远远超出《大运河遗产保护管理办法》及其他类似法规、规章等规定的大运河文化遗产的外延范围。只有文物系统与其他部门携手才可能将大运河文化带发展中的文物工作做好。所以，在文物保护工作覆盖范围方面，还必须做好配套制度建设，形成共抓保护的合力。

（二）遗产保护中高技术手段的运用范围仍较为局限

我国的文物保护技术在世界上并不落后，可移动文物和不可移动文物的修复工作有许多方面在世界领先，博物馆的保管技术和安防技术也享受到我国制造业的红利，甚至技术输出已经蔚然成风，但以下两个方面的短板仍然明显：

首先，低级别的文物难以获得高技术手段保护，大多数不可移动文物仍然处于人防为主、防不胜防的状态。例如，与博物馆安防技术手段相比，中国田野文物安全技防工作近年来才进入实施阶段。田野文物分布面

广、站多线长、位置偏远、经费不足、技术受限，省、市、县（区）、乡（镇）四级监管网络不通，现有的技术防范手段安全监管能见度很低，造成大量案件不能及时发现，或时过境迁缺乏侦查条件。

其次，遗产保护与其他系统的先进技术平台衔接不够。例如，不少地方的田野文物位于人迹罕至的偏远山野，文物部门虽然落实了专门看守人员，但很难做到24小时驻守看护。没有智能化、信息化等技术手段的运用，就很难加强保护。而公安部门天网工程、治安雪亮工程等早已全面覆盖，如果县级以上田野文物保护单位与其衔接，建立视频监控和适用的入侵探测、自动报警及巡更系统，则遗产保护就有了技术手段的支持。

（三）资源利用不合理、不充分

《关于促进文物合理利用的若干意见》从五个方面概括了文物利用问题："文物利用仍然存在着文物资源开放程度不高、利用手段不多、社会参与不够以及过度利用、不当利用等问题。"这五个问题，在各地有不同的体现形式。

1. 遗产过度开发，缺乏可持续性，反噬保护

文博事业的"产出"在经济新旧动能转换之际展现潜力，所以文物不仅有历史传承价值，还有巨大的经济价值。以文物大省山东省的情况来举例说明：由2018年的经济数据可知，山东8000多亿元的旅游收入中，文物景点带动的收入就达3000多亿元。一方面，这是山东文物景点带动旅游经济快速发展的"好消息"；另一方面，这却是"十三五"期间1500多处文物因自然损毁、人为破坏等原因而消失的"坏消息"。2012年底，《关于进一步做好旅游等开发建设活动中文物保护工作的意见》（国发〔2012〕63号）专门就容易引发文物局保护问题的开发行为进行了规定，配套了措施。2016年，国家文物局《关于促进文物合理利用的若干意见》（文物政发〔2016〕21号）也明确了"文物利用必须以确保文物安全为前提，不得破坏文物、损害文物、影响环境风貌。文物利用必须控制在文物资源可承载的范围内，避免过度开发"。我国还有不少地区仍处理不好经济建设、

城乡发展与文物保护的关系，文物保护意识落后，违法事件时有发生。过度开发和不合理利用致使一些历史文化名城、名街名店、古建筑、古遗址风貌等遭到破坏。

首先，没有建立文物相关补偿机制。这种机制的缺失，对大遗址的影响较为明显。部分大遗址项目区（如良渚大遗址）已经初步构建了文物相关补偿机制，出台了直补、以奖代补和产业扶持等多种类型的补偿措施。然而，大遗址项目整体尚未建立完善的文物相关补偿机制，造成大遗址的利用和建设对周边经济社会产生的负面影响无法弥补。从概念和机制设计的角度来看，应构建具备全面性和可行性的大遗址补偿机制，从制度上明晰“为何补、补给谁、谁来补、补多少、怎么补”五个问题的答案和操作细节。另外，大遗址的类型差异较大，不同空间位置、不同管理方式、不同保护利用状况的大遗址，所产生的负面影响不尽相同，补偿方式也应该有所差别。

其次，文物经营机制不健全造成经营超过保护的“度”。中国在文物经营机制建设上仍处于摸索期。许多文物经营机制难以合理把握保护与利用的“度”，难以保证公益性。文物管理单位既当“裁判员”又当“运动员”的现象十分普遍，屡屡发生不利于文物全面发挥公益性功能乃至影响文物本体保护的事件。尤其是在高级别政府财政难以承担主要事权的情况下，许多文物管理单位不得不开展多种方式的经营，还有一些文物管理单位在地方政府支持下主动甚至“刻意绕开法规”后开展经营活动。全国出现了较多的不利于文物保护甚至直接损坏文物的负面案例。

2. 资源利用效率低下，价值未能实现有效活化

与此同时，诸多散布在田野中的价值一般的遗址或古建筑则没有得到全面利用。田野文物与馆藏文物一样有着同等或更高的历史、艺术、科学价值。由于田野文物分布广、数量多，具有不可随意移动的特性，通常遵循原址保护原则，因而其保护性开发利用工作难度大。不少地区在发展乡村文化旅游项目时，往往选择交通便利、综合环境较好的田野文物单位进行开发利用，而对位置偏僻的文物关注度不高，保护性开发利用率低。这

也是当前田野文物安全保护工作的一个弊病。

图 4 - 1 是位于陕西榆林靖边县城北 58 千米处的统万城遗址，1996 年被列为全国重点文物保护单位，但是笔者在实地调研时发现，遗址保留了大夏国都城轮廓和结构，但部分夯土开裂，表面风化剥蚀现象较为严重，生态环境管理较为粗放，虽能在一定程度上让游客感受历史更替变迁的沧桑悲凉之感，然而不可否认的是，展示形式较为单一、内容较为简单；设施设备及解说标识系统均较为陈旧（见图 4 - 2）；规划片区和功能布局不够完备，欠缺整体观和层次感；相应地也未能向游客充分展示和传播遗址的历史文化内涵和价值，不仅在遗址的管理和保护方面，而且在活化利用和文化品牌营销方面，均处于相对滞后和粗浅的阶段。所幸的是，统万城国家考古遗址公园建设项目已经立项，并于 2016 年成功启动，目前还在修建中，对于其建成后的效果，人们拭目以待。

图 4 - 1　陕西榆林靖边县白城则村统万城遗址

另外，部分遗产地存在一些并非保护真正需要的“利用禁区”。在遗产旅游的发展中，有些博物馆将部分藏品对安全系数的要求扩展到整个文物库房，将文物库房变成利用的禁区。大部分博物馆倾向于将藏品的安全和保护作为第一要务，尽量减少藏品与外界接触的机会，减少藏品的提用次数，对如何有效地利用藏品则考虑得很少，大量高品质文物资源因为文物库房制度过于苛严而难以变成有效的旅游资源。主观上，博物馆工作中也存在着“重藏轻用”的思想。博物馆系统没有把充分有效地利用藏品以

图4－2　统万城遗址解说标识系统

满足公众和社会的需要作为衡量博物馆工作的标尺，许多制度的本意是将博物馆定位为文物收藏机构，认为其主要职责在于收藏，而非满足公众文化需求。

二、资金与管理之困局

资金筹集机制上，呈现以财政拨款为主，市场和社会渠道发展相对滞后的局面。文旅运营单位资金整体不足，是影响利用效率的主要瓶颈之一。经营制度上，没有全面建立起高效的文旅资源共享机制，资源共享机制和交流沟通机制不畅，限制了资源、信息、人员与价值的合理流动，导致文旅资源的活化程度与文化价值传播效率偏低。许多旅游目的地故步自封、管理僵化，缺少针对旅游资源的统一、规范、可操作性强的管理规章和标准；同时，基层管理机构权责不明，人力资源不足，难以进一步拓展文旅资源利用的范围、程度和精度，显著制约了文旅资源活化的效率。

（一）文化遗产管理粗放，缺乏规范性和精益求精的“工匠精神”

遗产低估、利用效率低下、管理僵化等对增大文物系统的经济贡献，尤其对文物旅游扩大发展规模、提高发展效益等存在着较大的负面影响。原因是文物旅游管理在“统一、规范”标准上所面临的问题：管理不“统一”，文物旅游管理政出多门、权责不明，难以实现有效的行业管理；管理不“规范”，缺少针对文物旅游的统一、规范且具有可操作性的管理规章和标准。同时，文物系统基层管理机构的权责不匹配，人力资源不足，在保护任务完成的基础上，难以进一步拓展利用的范围、程度和精度，从而显著制约了文物利用的效率，以及文物价值的有效展示与活化。图4－3为陕西历史博物馆馆藏文物《架鹞驯犬图》的中英双语标志牌，可清晰看到上面的英文翻译不够准确，显得有些“不知所云”，中国很多遗产旅游景区都存在类似的问题，在遗产文化解说方面做得较为粗糙，欠缺精益求精的“工匠精神”。

图4－3 陕西历史博物馆馆藏文物《架鹞驯犬图》中英双语标志牌

（二）遗产法规与制度建设方面

对文物的保护不到位，从近年发生的许多事件来看，并非都是利欲熏心者或尸位素餐者无视保护所致，许多保护不到位的案例实际上也与制度不合理有关。制度建设不仅是相关保护措施常态化、专业化的基础，也是形成遗产“齐抓共保护”局面的基础性手段。从中央建设生态文明体制的做法来看，主要是抓了两方面的制度建设来形成遗产保护的合力——自然资源资产产权管理和国土空间用途管制。只要这两个方面做好了，就守住了遗产和文物保护的底线，遗产保护责有攸归、前置控制、齐心协力的局面就能达成。这方面的经验套用到文物工作上来，就是制度建设既要全面，又要有基础，且一定要明确主体责任，只有这样才可能把以保护为主的绿色发展方式通过文物平台在地方先行先试。但从全国总体来看，文物系统这方面的制度建设情况与其他民生领域（如教育、环保、社会稳定等）相比，仍然较为滞后，尤其缺少中央环保监管部门对某项遗产利用工作是否真正依法合规、是否受到主要领导优先重视、是否形成全局合力的综合评估和奖惩。因此，全国的普遍情况是：地方主要领导对文物缺少敬畏心，对文物工作缺少压力感，对“保护文物也是政绩”缺少实践。

首先，从产权管理来看，文物系统迄今没有形成与国家宏观管理制度改革接轨的断权操作程序。中国设立了大量的不同级别、不同类别的文物管理机构，但对文物的权利人身份、主管部门的权责、权利受损如何维权等问题未进行明确。这就导致级别较低的不可移动文物在管理上比较松散，无权利人对权利受损进行维权，各类违法违规问题更是无法杜绝。特别是许多文物保护单位在设立之初就存在各种硬伤：在计划设立时未征求拟纳入文物保护单位范围所有土地权利人、林地权利人、历史存在的镇村负责人、企业农田权利人等各类生产生活设施权利人的同意，未通过补偿、置换、征用等措施与原来的权利人达成协议，相关法规及规章也未对解决这些历史遗留问题进行明确规定。虽然政府部门曾发文明确土地权属不影响管理权限，但在实际操作执行中难度很大，发展和保护之间时常产生矛盾。另外，权利人不明确也导致文物保护单位的主管部门以及所在地的地方各级政府不愿意主动投入大量的资金来解决这些历史遗留问题，导致部分文物保护单位实际无责任人真正行使产权管理，导致破坏文物行为往往蔓延成多方参与、多种形式状态，如长城诸多未划入国家保护单位的段落，被周边居民、项目施工单位等肆意破坏，虽然有些行为被查处，但无法根本禁绝。

许多不可移动文物尤其是长城、大运河这样体量大且跨界的线性文化遗产和范围大、近自然遗产形态的大遗址，还难免引发“公地悲剧”，即没有将权属落实到具体的机构并配套相应的制度，导致这些文物欠缺实质性的产权管理者。在国家自然资源已经统一管理、自然资源资产确权制度和不动产登记制度初步建立的情况下，文物系统的这种制度建设漏洞显然不仅不可能形成各行各业对遗产齐抓共保护的合力，而且难以明确责权统一的真正责任方。

其次，从国土空间用途管制来看，“要将文物行政部门作为城乡规划协调决策机制成员单位，按照‘多规合一’的要求将文物保护规划相关内容纳入城乡规划”是个很好的提法，但没有形成很好的做法，原因是文物部门对“多规合一”的重要性认识不足，少数先进典型的经验没有得到推广。

这些不足在中国大遗址的管理上体现得尤为明显。大遗址保护的核心问题是所有权不明确，还有在此基础上形成的公权和私权法律上的不完善，以及在处理公共利益时缺乏可以依据的法理程序。大遗址保护范围内的土地所有权与使用权是分离的，所有权包括全民所有和集体所有两种情况，使用权主体分为国家机关、事业单位、企业单位、集体和个人多种。作为各级文物保护单位的大遗址尽管划定了保护范围和建设控制地带，但这些保护区划内的土地所有权没有从集体转移到国家，使用权也没有从单位和个人手中转移到代表国家行使保护和管理权的文物行政机构或事业单位。因而，文物主管部门在保护涉及大量土地和居民的大遗址时，不得不寄希望于地方政府采取行政手段来处理矛盾和问题。文物保护和管理部门实际上难以对大遗址保护行使《文物保护法》赋予的权利，处于无能为力的尴尬境地。

大遗址所在地的地表下埋藏着遗迹和遗物，而在其地表上则往往是现代人耕作的田地和居住的房屋。文物行政主管部门依照《文物保护法》来管理地表下的遗址，国土、住建、农业和林业等其他职能部门按照《土地管理法》《城乡规划法》《森林法》等来管理地表上的部分。此外，县区和乡镇则按照《政府组织法》等管理遗址上的人及社区。而居住在遗址之上的城市居民和乡村村民，则按照《土地承包法》及中央制定的政策与政府相关部门进行互动，以保证和维护他们在这片土地上的权益。这样，依附于土地的这些不同的利益群体自然就会有不同的利益诉求。政府的职能部门和基层组织自然会优先满足自己的直接责任对象的相关诉求，而将包括文物保护在内的责任排在相对靠后的位置。土地权益问题会直接影响各级政府部门的权益，当然也会产生各种各样的矛盾和冲突，无疑成为影响大遗址保护的关键问题。

习近平同志担任福州市委书记时，针对文物保护现状，曾开创性地探索形成了“四个一”（一个局、一个队、一颗印、一百万元）的治理模式，即设立文物管理局，成立一个考古队，城建项目立项时需要征求文物部门的意见，加盖市文物局的印章，财政每年拨款 100 万元作为文物保护专项资金。这样的措施可使文物部门获得最重要的“权、钱”制度的保障，自然能发挥更大的作用。

三、“量”与“质”的失衡

遗产文物合理适度利用的体系标准，为保障文物及其相关供给提供了更为具体的依据。而过去这方面的工作还存在诸多漏洞和短板，实践中，文物领域的供给侧结构性改革才刚刚起步，亟待深化。这种供给和需求侧的脱钩其实是各项社会事业中的普遍现象，不单单是文化遗产事业独有。文化遗产事业发展中的供需不平衡体现在三个方面：文旅资源空间分布的不平衡、旅游产品供给总量的不平衡和旅游发展结构的不平衡。

（一）文旅资源空间分布的不平衡

文旅资源空间分布的不平衡指的是缺乏合理规划下的热门地区和冷门地区之间、东西部间、城乡间的差距。例如，部分热门博物馆（如故宫等）和遗址（如兵马俑、八达岭长城等）旺季参观人数过多，有时甚至对文物安全造成威胁；而大部分地方博物馆则缺乏自身特色和布展上的推陈出新，很多遗址缺少可视性和可参与性，造成门可罗雀的现象。

（二）旅游产品供给总量的不平衡

旅游产品供给总量的不平衡包括供大于需和供小于需两种情况。供小于需的情况仍然是普遍的，这首先体现为级别较低的不可移动文物保护不足甚至在管理上的“失控”，即保护工作还远远没有满足保护需要。其次还表现为文物工作与人民对美好生活的需求脱节，如部分历史村落、重要遗址提供了大量的文化、历史、自然及经济等资源，然而这些资源并没有被公众认识并合理利用，没有全面体现社会效益及经济效益，以致相关保护完全成了当地居民的负担；又如真正的文化全民共享应是文物保护和利用成为居民日常生活的一部分，而不是少数人追逐的对象，但是现有的文物利用方式和程度并没有实现这样的目标。

（三）旅游发展结构的不平衡

旅游发展结构的不平衡主要包括供需对象和供需内容不平衡。文物是传承中华民族文化的重要载体，同时也是促进地方文化、社会和经济发展的重要因素。文物主要提供的是文化价值和社会价值，但是很多政府和地方居民需要的是经济价值。其中，地方居民的利益诉求和多样化参与应是这一过程中的主要考虑因素，但是当前参与者却主要为投资商（如房地产商、文化产业公司等），内容也主要针对游客（对文化或旅游有一定需求的人群），受益者中当地居民位置靠后，且获得利益较少。

资源空间、供给总量和结构不平衡最终导致了利益结构的不平衡，既没有充分考虑文物保护和利用中的不同利益相关方，难以构建融合发展的格局，也难以形成共赢的核心价值观以及利益共同体和发展共同体。

第二节　数字鸿沟现象

一、城乡数字鸿沟

我国目前在数字经济方面取得了快速的发展，数字乡村建设也取得了一定成效，但仍面临农村经济数字化水平偏低、区域差异大、数字鸿沟与经济鸿沟交叠等方面的问题。根据《中国数字经济发展指数报告（2023）》

的信息，我国数字经济呈现梯次发展格局，呈现 3 个梯队。第一梯队包括北京、广东和上海及东部各省共 10 个地区，总指数及分指数均高于全国平均值，数字经济整体发展较为全面；第二梯队包括河南、重庆、河北、贵州等 12 个地区，内部发展较为均衡，其余地区处于第三梯队①。区域和城乡间的数字鸿沟问题凸显，数字经济城乡发展不平衡、数字技术在农村的普及和应用程度不高成为制约包括文旅产业在内的众多产业数字化转型升级进程的主要瓶颈问题。

乡村数字鸿沟问题主要体现在以下几个方面：

①数字基础设施建设不足：一些农村地区的信息基础设施仍然薄弱，网络覆盖不足，导致数字技术手段在农村地区的使用受限。

②数字化应用水平不高：尽管在农业农村信息化方面取得了一定的进展，但农村地区的数字化应用水平仍然较低，农业数字化转型水平低于工商业。

③数字技术人才短缺：开展数字服务具备较强实力的企业和人才短缺，导致数字乡村建设缺乏足够的技术支持和人才保障。

④数字乡村建设资金不足：数字乡村建设项目过多依赖政府投入，对社会资本的撬动、吸引不足，多元化的协同参与、运营机制还需有效普及。

综上所述，数字乡村建设存在基础设施建设不足、数字化应用水平不高、技术人才短缺以及资金不足等问题。

二、“数字悬浮”问题

当前数字乡村建设尚存在基础设施建设不足、数字化应用水平不高、特色资源分散等问题，数字乡村建设推进过程中存在难以真正深入村户的“数字悬浮”现象，乡村优势资源与特色产业尚未得以充分利用与整合，也极大地制约和阻滞着我国整体的数字化发展进程。很多农户和农村居民

① 资料来源：工业和信息化部电子第五研究所公布的数据。

对于数字经济的“门槛”望而却步，缺乏创新发展和全民参与的主动性和积极性，当地政府部门亦缺乏有效的激励手段和配套措施，相应的服务意识和管理效能不足，导致数字技术难以打通进入乡村每家每户的“最后一公里”。

三、智慧文旅赋能城乡数字鸿沟跨越

（一）经济赋能

智慧文旅通过先进的科技手段，为乡村旅游提供了更加便捷、高效、智能的服务，为数字乡村建设注入了新的活力。首先，智慧旅游平台能够快速、准确地为游客提供乡村旅游的各种信息，让游客更加便捷地了解乡村的风土人情和特色旅游产品。这不仅提升了游客的旅游体验，也增强了乡村旅游的吸引力。其次，智慧旅游还能优化乡村旅游的运营管理。数字化技术能够收集大量的数据，对乡村旅游的运营情况进行深度分析。通过数据分析，可以了解游客的偏好和需求，优化旅游产品的设计和推广策略，提高旅游的满意度和回头率；通过精准的数据分析和广告投放，将乡村旅游产品推向更广泛的受众；通过虚拟现实技术、直播等创新手段，让游客在未到达目的地之前就能感受到乡村的魅力，从而激发他们的旅游兴趣。在数字文旅的推动下，乡村旅游逐渐转型升级，从简单的观光游览向深度体验游转变。通过互联网、大数据等技术的运用，乡村旅游产品和服务更加丰富多样，满足了游客多样化的需求。游客们不仅可以欣赏到美丽的自然风光，还能亲身感受乡村的民俗文化、历史传统和手工艺技能。这使得乡村旅游更具吸引力和竞争力，吸引了越来越多的游客前来探访。

同时，智慧旅游还能带动乡村经济的发展。数字文旅通过深度融合文化、旅游与科技，为乡村经济发展注入了新的动力、活力与魅力，引领乡村走向繁荣与振兴。数字文旅也带动了乡村相关产业的发展，以文旅产业数智化创新发展为龙头，带动餐饮、住宿、交通等相关产业的发展，解放和发展数字化生产力、激发乡村振兴内生动力，为乡村经济带来了更多的收入，进一步推动乡村经济的繁荣。数字技术同现代“农文旅”产业的深度融合，不仅可以提高农业生产效率和质量，将原本分散的特色优势资源有效整合起来，从而降低成本，增强农业竞争力，促进农业现代化转型升级，还能为乡村居民提供更多的就业机会和创业机会，拓宽农旅信息服务咨询的渠道和服务平台，帮助农户及时发布农商信息，解决基层治理中人力不足、事件发现处置不及时、流程不够规范等痛点难点问题，提高乡村的管理效率和服务质量，促进农业农村经济社会数字化转型，推动数字化进程从城市向农村延伸，促进数字技术在农村的普及和应用，从而弥合城乡数字鸿沟、推动乡村振兴的全面实现和城乡经济一体化高质量融合发展。

（二）社会赋能

首先，数智文旅赋能乡村数字经济发展，提高农村居民生活品质，优化农村公共服务，提高农村社会管理水平，缩小城乡差距，弥合数字鸿沟，有助于实现城乡发展的平衡，促进区域经济和社会的协调健康发展。其次，数智文旅为城乡之间的交流和互动提供更多机会，让城市居民更深入地了解和体验乡村文化与生活，同时也为乡村居民提供了更多的就业机会和增收渠道，如导游、酒店服务人员、文化创意工作者等，助力乡村经济的稳定发展，有助于增进城乡相互理解，促进社会和谐；在乡村特色产业发展方面，依托历史文化名镇、名村和传统村落建立“数字文物资源库”“数字博物馆”，科学开发特色文旅资源，有利于乡村第三产业的发展，这对于吸纳返乡就业的劳动力以及乡村地区经济结构的优化调整具有积极意义。再次，数智文旅发展依托乡村自身独特而不可替代的文化资源价值，构建符合人们生产生活及现实需求的社会场景与人文环境，通过数字化、网络化、信息化的产业升级，运用5G、大数据、云计算、虚拟现实、增强现实等技术鼓励社区参与和公众参与，建立与培育良好的“居游共生”与全民共享关系，让文化通过科技真正“走”入大众的生活，惠及更多民众。最后，在传承和推广乡村文化方面，智慧旅游也发挥着重要作用。数智文旅通过数字化技术，将散落在各地的乡村历史、民俗、艺术等传统文化元素和非遗项目更好地保护和整合，并利用网络平台与数字技术面向世界广泛传播乡村文化，扩大乡村特色文化IP的受众面和影响力，让更多的人认识、读懂当地的优秀传统文化，了解和感受乡村的独特魅力，从而增强人们对地方传统文化的认同感与文化自信，在线的互动体验也让游客更加深入地了解乡村文化，拉近了城乡之间的距离，使乡村优秀传统文化得以永续传承与弘扬。

（三）环境赋能

数字化与智能化是践行“双碳”理念最为有效的发展方向。坚持绿色低碳发展理念，加强文化和旅游资源保护，提高资源利用效率，促进文旅产业数智化创新发展，是激活文旅产业低碳、绿色、可持续优势，实现乡村经济高质量发展的重要途径。数字化和智慧化的文旅产业创新升级将有效带动低碳化文旅消费，减少对资源环境的浪费和破坏；智慧化“农文旅”发展推广绿色观光农业、生态农业等新型模式，减少了农业面源污染和农村废弃物排放，保护了农村生态环境；数字服务平台建设与资源整合提升了信息交互的实时性、精细度与管理效能，从而极大地节约了传统农业及服务业活动和管理过程中所消耗的能源、场地与人工成本；云旅游、虚拟场景体验、数字文博等零碳化旅游方式更是从根本上替代传统高耗能、资源依赖型经济发展模式，实现产业发展由资源消耗型向环境友好型转变，为农村可持续发展提供了有力支撑，保障乡村生态效益和谐稳步增长。

总之，数字文旅是乡村振兴的重要力量。它不仅推动了乡村旅游的升级和转型，也为乡村经济的繁荣注入了新的动力，提升了乡村旅游的吸引力、促进了乡村经济的发展、传承和推广了乡村文化、优化了乡村旅游的运营管理。它是推动数字乡村建设的重要力量，为乡村振兴战略的实施提供了有力支持。

第三节　信息茧房问题

当前，新一轮科技革命和产业变革加速演进，数字经济蓬勃发展、方兴未艾。随着互联网技术不断迭代和旅游业的快速发展，涌现出了许多不同类型的在线旅游平台，包括 OTA、旅游预订平台、旅游社区、旅游垂直平台等，这些专注提供旅游服务的在线平台通过技术创新和商业模式创新，各自针对旅游行业中的不同领域，提供更加专业和个性化的服务，主要包括：以提供航班、酒店、景点门票查询预订业务为主的综合性旅游服务平台，如携程、艺龙、去哪儿、飞猪、途牛、同程等；旅游攻略平台，如马蜂窝、穷游、网易旅游频道、小红书旅游板块等；旅游垂直类平台，如猫途鹰（Tripadvisor）、爱彼迎、安可达、Google Travel、美团民宿等；虚拟现实旅游体验 App 或公众号，如云游故宫、云游敦煌、美丽中国等，以及租车、导航等交通配套服务平台，如神州租车、悟空租车、探途等。

针对旅游行业中的特定领域，在线旅游平台使用人工智能、大数据等技术满足了不同用户的需求，使得旅游服务变得更加便捷和智能化，然而与此同时，这些平台所产生的问题也日益凸显，其中之一便是信息茧房问题。为了满足用户的个性化需求，许多在线旅游平台都采用了推荐算法技术，如果平台的推荐系统过于依赖用户的个人喜好和历史行为，可能会导致用户接收到的信息越来越窄，从而缩小了用户的选择范围（陈昌凤，2018；罗昕、肖恬，2019；王天民、郑丽丽，2023）。

旅游业作为一项信息密集型产业，搜集、存储、传递和分析旅游数据信息不仅是整个行业延续发展的核心，也是连接旅游目的地与旅游者的重要桥梁，尤其是互联网经济时代，每个网红城市与景区（点）的一朝“爆火”与舆论迅速反转，背后都折射出信息的网络化传播对于旅游业发展的重要影响作用。在线旅游平台为旅游信息的传播和交互提供了更多便利，然而也产生了一系列诸如信息同质化、“回音室”效应、“过滤气泡”等信息茧房类问题。

一、信息茧房现象相关研究

（一）信息茧房概念界定

“信息茧房”（Information Cocoons）一词最早出现于美国学者凯斯·桑斯塔 2006 年所著的《信息乌托邦》一书中，用来描述用户基于个人偏好，去选择接触媒介信息，在享受其便利的同时，亦会将自身逐渐束缚、禁锢在像蚕茧一般的信息“茧房”中。这一概念的提出为之后的相关研究奠定了基础，但其实在此概念出现之前，就已经产生了很多近似概念或阐述。早在1980年，《泰晤士报》就首次提出了“回音室”（Echo Chamber）效应，1997年麻省理工学院教授马歇尔·范·阿尔泰提出“网络巴尔干化”（Cyber－Balkanization）现象，2002年出现的“围墙花园”概念，甚至可以理解为是信息茧房概念的雏形（Katz，2002），之后的“过滤气泡”（Filter Bubbles）概念则与其相互呼应，互为解释（Rowland，2011）。虽然“信息茧房”“过滤气泡”和“回音室”效应这三个概念之间尚存在细微的区别，但从本质上说，它们都是对各种推荐算法机制将会如何影响用户新闻消费同质化乃至意见极化的一种隐喻（刘茜、汤清扬，2023）。国内学者也分别从不同角度对信息茧房概念进行了充分的解读与研究，包括从传播规律的演进视角对数字化时代组织传播理论的解释与重构（程士安、沈恩绍，2009），从新闻传播学视角（王春兰，2017）、媒体驱动视角（张音，2017）、互联网内容生态视角（杜智涛、张丹丹，2018）、信息运动视角（王益成、王萍等，2018）以及舆情治理视角（郑满宁、李彪，2022）等，对信息茧房的概念实质与应用范畴演变进行了深入探讨。

（二）信息茧房的成因

国外信息茧房相关研究主要集中在信息技术和信息消费者两个维度，而国内研究则多以相关理论为基础构建模型，从不同视角探究信息茧房的形成机理（朱红涛、李姝熹，2021）。杨芳芳、宋雪雁（2023）从用户与平台的演化博弈角度探讨了自媒体平台信息传播中信息茧房的形成及演化规律；张玥、庄碧琛等（2023）以同质化视角解析了信息茧房从用户选择同质化到内容同质化再到群体同质化的演化路径，指出用户和技术作为直接的信息茧房触发要素被学者们普遍重点关注，“信息”和“社会”作为信息茧房的关键表征型要素，从个人层面的信息窄化到社会层面的群体极化的演化过程中亦发挥着重要作用；正是由于海量多元的信息带来了网络空间信息过载的负面问题，使得个性化算法推荐应运而生，因其私人定制式的内容分发模式为用户提供了千篇一律的内容及观点，使个体与群体间原有的理念不断加强，甚至排斥异质信息涌入（曹悦欣，2023），阻碍用户接触多样信息与多元观点，引发了学术界对于受众“囚禁”于自我偏好“茧房”中的担忧（郭蓉，2023）。

张海（2020）则认为用户情感和社群环境是用户信息回音现象的重要影响因素，段荟等（2020）将网络用户价值认知排在信息环境和信息技术因素前面，列为促使信息茧房形成的首要要素，而任秋菊（2021）则将个体认知归为主导作用，指出技术只起到催化作用，这与李彦均（2019）提出的用户主观信息需求是信息茧房形成的“重要骨架”一说不谋而合，也与国内外部分研究认为的信息推送技术和算法并非导致信息茧房元凶的观点（Matt et al.，2014；Flaxman et al.，2016；Borgesius et al.，2016；Dubois and Blank，2018；喻国明、方可人，2020；郑航，2021）相互呼应，为信息茧房的相关研究提供了多元化的视角。此外，Cinelli 等（2021）通过不同社交平台的比较发现，与无明显推荐功能的平台相比，在具备推荐功能的平台，诸如脸书（Facebook）和推特（Twitter，后改名 X）中，用户的社交关系呈现了更为明显的极化趋势。Santos 等（2021）也指出“回音壁”的存在与否不仅是个人对内容的选择性接触，还受到个人对外群体成员态度的影响，拓展了信息茧房形成的群体化因素研究思路，宏观社会层面的群体极化效应也越来越多地受到学者们的广泛关注。

（三）旅游从众行为研究

从众行为（Conformity），亦可称为“羊群行为”（Herd Behavior），对其研究最早可追溯至阿希实验中提出的“多数效果”（Majority Effect）这一概念，意即个人对群体中大多数人意见的服从，即使群体大部分人的主张是错误的（Asch，1951）。自此引发了人们从各个不同的专业角度对这一现象的审视。从众行为产生的社会心理学解释包含信息性影响和规范性影响（Deutsch，1955），前者指代的是个人改变其态度或行为是出于期望自身决策是正确的动机的社会影响，后者则是出于渴望被群体喜欢并接纳的动机。当这一概念拓展延伸至旅游领域时，则主要用以描述旅游者在选择特定的旅游目的地及出游时机等所受到其所处群体的社会从众压力影响（Williams，2004，蔺国伟、白凯，2015），且这种影响因不同的文化环境与背景、不同的社会身份而存在较大的差异（Vellas and Bécherel，1995；Tussyadiah，2014）。在信息技术应用领域，人们面对不完全或不对称的信息、不确定要做什么决定的时候（Walden，2009）更易从众，在采纳和使用信息技术时模仿他人做出相同决策或选择（Sun，2013；姜岩、靳见美，2012）。国内学者侧重从实证分析角度，对大学生出游（江娟丽，2008；宋书楠等，2023）、赴藏旅游者（蔺国伟、白凯，2015）、乡村旅游（徐雨利，2022）、毕业旅游（张佑印等，2023）等旅游形式中存在的旅游从众现象进行了不同程度的研究，但相对其他领域而言，旅游从众行为依然有待于更深入的研究，尤其是在信息时代的社会化网络环境中，人们联系更加广泛，信息传递更加迅速，羊群行为能够更好地解释信息推荐互动行为的价值（刘利等，2018），这需要引起人们更多的关注。

二、信息茧房实证研究

（一）理论模型搭建

通过以上对相关文献和理论成果的梳理发现，目前关于信息茧房形成机制和促成因素的研究结论尚存在较大的差异，甚至对于人们是否受困于信息茧房也存在着一定的争议，尚未达成共识（朱红涛、李姝熹，2021），相关探讨从未停止，然而无论秉持哪种观点，人们都不仅仅局限于信息本身，而是围绕网络用户、算法技术、信息传播、社会环境等诸多要素展开分析与论证，只是选择的视角和关注的维度不同。

由此，本章基于信息学研究领域的信息模型，参考过往研究对于信息窄化（“过滤气泡”）与同质化（“回音室”效应）、群体极化（“网络巴尔干化”“围墙花园”“信息瀑布”等）的探讨与结论，并结合文旅行业特点与信息传播特点，构建在线旅游平台信息茧房作用机制的理论模型

（见图4－4）。

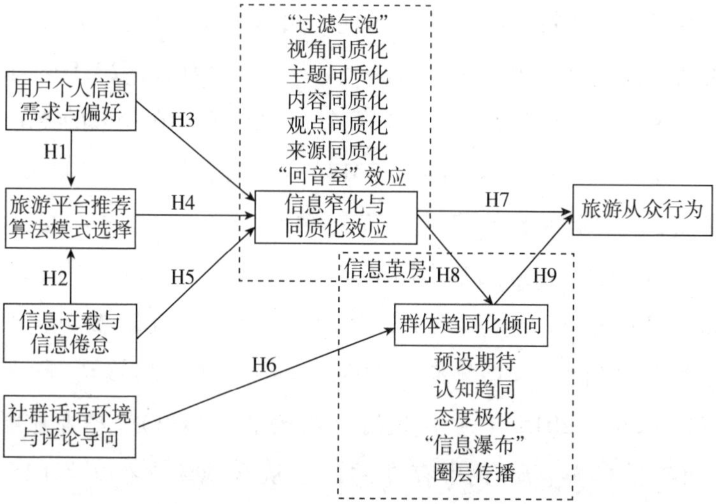

图4－4　旅游平台信息茧房作用机制的理论模型

作为社会情境下解析信息问题不可或缺的核心四要素，用户、技术、信息、社会需要被共同加以考量（Zhang and Benjamin，2007），因此模型将信息茧房的核心作用要素设定为旅游平台用户个人信息需求与偏好（TDP）、旅游平台推荐算法模式选择（RAM）、信息过载与信息倦怠（IOF）、社群话语环境与评论导向（POEG），而将信息茧房的表征效应设定为信息窄化与同质化（INH）及群体趋同化（GC），并提出以下理论假设：

H1：旅游平台用户个人信息需求与偏好正向影响其对于旅游平台推荐算法模式选择；

H2：信息过载与信息倦怠现象正向影响用户对于旅游平台推荐算法模式选择；

H3：旅游平台用户个人信息需求与偏好正向影响信息窄化与同质化效应；

H4：旅游平台推荐算法模式选择正向影响信息窄化与同质化效应；

H5：信息过载与信息倦怠现象正向影响信息窄化与同质化效应；

H6：社群话语环境与评论导向正向影响群体趋同化倾向。

在此基础上，进一步考量信息茧房的表征效应——信息窄化与同质化及群体趋同化对于游客旅游从众行为（TCBT）的影响和作用机制，提出以下理论假设：

H7：信息窄化与同质化效应正向影响旅游从众行为；

H8：信息窄化与同质化效应正向影响群体趋同化倾向；

H9：群体趋同化倾向正向影响旅游从众行为。

（二）研究方法与设计

研究通过问卷调查结合小规模深度访谈采集数据，调研基于问卷星生成的原始问卷二维码及链接通过不同网络社交平台发放问卷，并通过 QQ 搜索功能搜索网易旅游频道、芒果网、穷游、马蜂窝、驴妈妈及去哪儿网等代表性线上旅游网站的用户社交 QQ 群，以群内邀请及私下邀请的方式邀请群内人员填写问卷。研究问卷项采用李克特（Likert）五级量表进行测量，问卷内容主要包括五个模块：调查被访者对旅游线上平台的整体使用情况（使用频率、选择偏好等）；对平台提供信息数量与质量、推荐算法模式（无推荐、随机推荐、偏好推荐）、互动交流与评论环境等的评价；使用旅游线上平台时对信息茧房现象（信息窄化、同质化与群体趋同化）的感知；受访者的旅游从众行为倾向；被访者的人口统计信息。

问卷题项均来自成熟量表或相关理论成果，旅游平台用户个人信息需求与偏好（TDP）量表，题项源自刘慧悦（2017）关于旅游者网络信息需求的研究，包含旅游者对于旅游产品价格、旅游资源、旅游交通可达性和旅游服务水平四方面的信息需求与偏好；旅游平台推荐算法模式选择（RAM）测量指标，参考刘茜、汤清扬（2023）的研究，考量平台（信息）呈现模式和推荐算法自由度；信息过载与信息倦怠（IOF）测量指标分别援引自 Zhang 等（2016）和万震、邹凯等（2022）的研究；社群话语环境与评论导向（POEG）参考文彤、郭强（2022）的研究；信息窄化与同质化（INH）量表源自张玥、庄碧琛（2023）的研究；群体趋同化（GC）指标参考廖圣清、程俊超（2023）的研究；旅游从众行为（TCBT）

测量指标参考蔺国伟和白凯（2015）对于从众行为的测度指标，并结合本书研究主题，侧重选择其“信息性影响”方面的测量指标。通过对相关专家学者进行咨询并进行预调研与访谈等方法，设计具体的问卷题项。基于预调研数据和反馈，删除不合理题项并适当修改语义不清、易引起歧义等表述，优化问卷结构与设计，从而得到最终正式调查所用量表，包含除样本人口社会学指标外共计32个题项。第二阶段展开正式调研，调研时间为2023年11月15日至2024年2月20日，针对使用过在线旅游平台的受访者采集问卷，共发放问卷519份，回收有效问卷477份，有效回收率为91.91%。

在回收的有效样本中，男性占43.8%，女性占56.2%，男女比例基本平衡；年龄结构方面，25岁及以下占25.8%，26~44岁占48.8%，45~60岁占24.3%，60岁以上占1.1%；受教育程度方面，硕士研究生及以上学历占12.7%，本科学历占52.3%，大专学历占28.4%，高中及以下占6.6%，整体受教育水平较高；职业方面，以“企业职员”“事业单位工作人员”“学生”居多，占比分别为30.5%、22.9%和21.2%，调研的受访者基本覆盖了各个年龄段、职业以及受教育程度。在此次调研样本中，受访者的社会学人口特征体现为高学历的中青年群体，分析其原因在于旅游平台及App使用对象需要对科技和网络有一定的熟悉程度，也需要具备一定信息搜寻和处理能力，且对于新兴事物与智能化发展没有抵触和规避心理。因此，本次调研对象基本符合现实生活中旅游在线平台的主要使用者特征与用户画像。

（三）数据分析与假设检验

1. 信度与效度检验

采用SPSS 27.0软件对测量数据进行信度和效度检验，首先对样本数据进行KMO检验和Bartlett球形检验，结果显示KMO值为0.923，Bartlett球形检验显著（Sig. =0.000<0.05），表明样本数据的结构效度较好，适合进行因子分析。所有观测变量的因子载荷均大于0.70，且在

p 值为 0.01 的水平下显著，未存在横跨因子现象，总解释方差为 84.82%。信度分析结果显示，量表各潜在变量 Cronbach's α 系数和组合信度（CR）的值均在 0.80 以上，表明潜在变量具有良好的内部一致性（Fornell et al.，1981），研究所用量表具有较高的信度，测量项可靠性较好（见表 4－1）。

2. 区分效度分析

研究进一步分析各潜在变量下的题项收敛效度及区分效度，由于 AVE 值用以衡量变量维度能够解释其所有题项指标的能力，且当其大于 0.500 时证明该潜在变量可行（Fornell et al.，1981），结果显示本章研究潜在变量的平均变异数萃取量（AVE）值均超过 0.500（见表 4－1），表明研究模型具有良好的收敛效度。同时交叉负荷矩阵下每两个潜在变量之间的相关系数低于 0.85，各潜在变量 AVE 值开方值均高于潜在变量间的相关系数，证明测量量表具有良好的区分效度（见表 4－2）。

表 4－1　信度、效度检验结果

潜在变量	题项标签	Cronbach's α系数	因子载荷	潜在变量	题项标签	Cronbach's α系数	因子载荷
TDP CR＝0.929 AVE＝0.820	TDP1	0.927	0.919	INH CR＝0.904 AVE＝0.821	INH1	0.892	0.877
	TDP2		0.836		INH2		0.843
	TDP3		0.923		INH3		0.831
	TDP4		0.860		INH4		0.901
RAM CR＝0.919 AVE＝0.865	RAM1	0.915	0.892		INH5		0.898
	RAM2		0.884		INH6		0.857
IOF CR＝0.893 AVE＝0.714	IOF1	0.882	0.826	GC CR＝0.878 AVE＝0.792	GC1	0.868	0.862
	IOF2		0.908		GC2		0.914
	IOF3		0.917		GC3		0.867
	IOF4		0.850		GC4		0.838
	IOF5		0.773		GC5		0.889

续表

潜在变量	题项标签	Cronbach's α系数	因子载荷	潜在变量	题项标签	Cronbach's α系数	因子载荷
POEG CR =0. 895 AVE =0. 766	POEG1	0. 889	0. 904	TCBT CR =0. 911 AVE =0. 808	TCBT1	0. 906	0. 840
	POEG2		0. 783		TCBT2		0. 881
	POEG3		0. 890		TCBT3		0. 854
	POEG4		0. 796		TCBT4		0. 910
	POEG5		0. 798		TCBT5		0. 855

表 4－2　区分效度检验与变量相关系数

	TDP	RAM	IOF	POEG	INH	GC	TCBT
TDP	0. 906*						
RAM	0. 813	0. 930*					
IOF	0. 551	0. 869	0. 902*				
POEG	0. 304	0. 544	0. 320	0. 875*			
INH	0. 669	0. 843	0. 490	0. 773	0. 906*		
GC	0. 517	0. 770	0. 415	0. 808	0. 692	0. 890*	
TCBT	0. 725	0. 782	0. 680	0. 817	0. 580	0. 869	0. 899*

注：* 表示数值为各因子的 AVE 平方根。

3. 结构模型拟合度检验

本章研究运用 AMOS 28. 0 软件进行结构方程模型分析，首先对模型的拟合度进行检验，得出模型拟合指标结果（见表 4－3），各项指标均达到理想值，说明本结构模型总体拟合程度良好，模型结果可接受。

表 4－3　模型拟合度检验

指标	卡方与自由度之比	AGFI	RMSEA	CFI	TLI	IFI
理想值标准	≤3	>0. 9	≤0. 08	>0. 9	>0. 9	>0. 9
模型结果	2. 540	0. 912	0. 067	0. 924	0. 916	0. 925
是否符合标准	符合	符合	符合	符合	符合	符合

4. 假设检验

软件运行后的输出结果，根据最终模型路径系数，对前文提出的 9 项假设进行验证，模型假设检验的结果如表4－4所示，其中，假设路径H5不显著（$p > 0.05$），研究假设H5信息过载与信息倦怠现象正向影响信息窄化与同质化效应没有得到验证，其他路径系数均显著（$p < 0.001$），且正/负相关性与假设相符，假设得以成立。

表4－4　假设路径检验结果汇总

假设标号	假设路径	标准化路径系数	标准误差 S. E.	p 值	假设检验结果
H1	TDP→RAM	0.401	0.069	***	支持
H2	IOF→RAM	0.597	0.043	***	支持
H3	TDP→INH	0.339	0.076	***	支持
H4	RAM→INH	0.505	0.036	***	支持
H5	IOF→INH	0.130	0.071	0.059	不支持
H6	POEG→GC	0.419	0.074	***	支持
H7	INH→TCBT	0.253	0.085	***	支持
H8	INH→GC	0.830	0.052	***	支持
H9	GC→TCBT	0.737	0.024	***	支持

注：***表示$p<0.001$。

（四）实证研究结论

通过上文的数据统计分析结果发现，用户个人信息需求与偏好正向显著影响旅游平台推荐算法模式选择，也同后者一起对信息窄化与同质化产生显著影响；而信息过载与信息倦怠则并未直接显著影响（$p>0.05$）信息窄化与同质化（研究假设H5被拒绝），而是通过影响旅游平台推荐算法模式选择进而影响信息窄化与同质化。此外，社群话语环境与评论导向也正向显著影响群体趋同化。以上研究假设的验证结果从不同侧面解释了信息茧房产生的原因和机制，呼应了学者对“算法主谋论”的质疑，也印证了算法作为一种预先选择个性化机制，提供符合用户口味的内容，降低接触随机信息概率，而自我选择个性化，即个人主动的选择性接触才是真正导致观念窄化的原因（Zuiderveen Borgesius et al.，2016）。同时，社群的话语环境与评论导向也是信息茧房由单纯的信息窄化与同质化向复杂的群体认知和态度趋同的重要因素。

与此同时，信息窄化、同质化和群体趋同化，对旅游从众行为均存在显著的正向作用与影响，尤其是群体趋同化，展现出对旅游从众行为的强关联（标准化路径系数为0.737，$p<0.001$），展示出群体同质化意见对个体旅游行为的重要影响，也解释了许多网红目的地的涌现和打卡热，往往受到网络群体意见和态度趋同的“推波助澜”，阐明了信息时代旅游业区别于以往传统发展理念和路径的差异性，因此对于旅游平台、旅游目的地和相关管理者来说，所有的政策制定与执行、创意规划与落地、项目开发与运营，无不需要放在信息化、网络化的现实框架中被重新审慎地思考，充分意识到网络、舆论、信息和公众态度的强大作用，在发挥利用网络媒体与智能平台的技术和功能优势的同时，也应警惕其带来的种种随生问题和副作用，克服唯算法论、唯流量论的短视行为，避免受到流量的“反噬”。另外，研究结论对于在线旅游平台从提高信息质量而非单纯迎合用户偏好方面努力，避免引起信息过载与信息倦怠现象，从而避免算法依赖与信息同质化，也提供了一定的参考思路。

三、数智化时代旅游信息多元化传播的破茧对策

（一）旅游平台方面

首先，旅游平台需平衡算法推荐的个性化与全面性，优化推送机制。虽然旅游平台用户个人信息需求与偏好选择是导致信息窄化与同质化的重要影响因素（假设3被证实），但因其个人信息需求与偏好导致的对平台算法模式选择和依赖（假设1）亦是重要原因之一（假设4被证实），充分表明了技术手段在应对信息茧房方面同样具有巨大潜力，完全可以通过平台推荐算法的优化与改善，扭转信息窄化与同质化趋势。平台可以考虑适当提高算法的自由度，并引入更多的维度和因素，如其他用户的多角度评价、历史数据参考与同类产品综合比对、第三方机构专业测评或数据来源等，从而为用户提供更加全面、多样化的选择；利用数据挖掘和分析技术，监测和分析信息茧房的形成和影响，减少弹窗、广告与垃圾信息，以便不断改进信息筛选和推荐机制，提高信息的质量和可靠性。

其次，引导用户多元视角看待问题。旅游平台可通过推出相关的专题、话题讨论，旅游供需双方在线交流，组织网络时空连线等方式，引导用户从多个角度看待问题，强化用户的多元视角思维习惯，拓宽多元化的信息获取渠道；积极推广并鼓励原创作品，包括原创旅游经验、旅行攻略、“避坑”指南、路线规划、目的地与接待设施推荐、Vlog素材等，突出创新驱动力；可尝试开辟不受广告或单纯流量驱使的模块空间，同时鼓励用户提供真实反馈和建议；也可以通过引入不同的意见领袖或多元的用户活动模块功能来促进信息的多元流动。

（二）政府与公共领域方面

政府和社会各界应积极推动公共领域的建设，为公众提供多样化的信息和观点交流平台，推动开放数据和信息共享，使旅游市场各方获取利用多样化的信息资源。通过建设开放、包容的公共空间，促进不同群体之间的交流和理解，减少信息隔阂和社会撕裂。与此同时，根本性做法是加大网络平台相关法律法规的执行和管理力度，在各旅游平台积极引入原创作品、新观点、新功能的同时，保护原创作品和创新技术的知识产权及合法权益则显得更为迫切与必要。相关部门需严格规范及监管网络转载、引用行为，尤其是热度高的话题和目的地评价，避免蜂拥而上的“无脑转发”与跟风“蹭热度”，杜绝为了博取“眼球”与流量的“标题党”式断章取义与不实表述，减少虚假信息和低质量内容的重复传播，为旅游信息的畅通传播与社群用户的良性互动打造更为便利的环境。

（三）旅游目的地方面

信息化时代，旅游目的地在享受互联网带来的巨大流量和经济利益的同时，还应警惕流量的“反噬”作用。许多凭借网络传播“出圈”的网红景区（点），吸引大批打卡游客，却在一夜成名的同时又迅速隐匿，甚至口碑极速反转，形象一落千丈，形成了流星式短暂发展轨迹，背后固然存在诸多原因，然而网络信息和口碑传播速度更快、范围更广，对消费者的信息搜寻行为和购买决策影响更为持久的特点（蔺国伟、白凯，2015），无疑助推了一个个网红目的地的迅速崛起与衰落。应对信息同质化传播和群体观点极化需要旅游供需双方及社会各方共同努力，作为目的地而言，更多应该思考的还是如何通过一个个被简单归类与模式化的信息滤泡，真正觉察游客需求的多样性与复杂性，剔除网络对于信息传播的放大效应与泡沫作用，回归旅游活动的本质——体验，正如杨振之、邹积艺（2006）所说，“……（旅游目的地规划设计者）在进行旅游产品设计的时候，也应立足满足不同游客的精神文化需要，引导游客从追求旅游符号表象的行为转向对原生文化的体验与追求中去”。只有当旅游目的地真正实现优质体验供给者的“初心”，从靠“流量”转为靠“质量”，才能从“网红”走向“常红”。

第五章　文旅产业数智化发展路径研究

第一节　文旅产业数智化发展框架

一、文旅产业数智化发展总体框架

基于上述对我国文旅产业数智化发展的瓶颈及痛点问题的分析，本书提出创新驱动下陕西文化与旅游产业数智化转型升级与高质量融合发展的有效路径。搭建“双碳”引领、科技支撑、创新驱动的“一核三联四层六维”文旅产业高质量发展理论框架（见图5-1），该理论框架从智慧化、信息化、网络化、未来化、智能化及数字化六个维度，智慧服务、智慧营销、智慧管理三个方面，促成文旅产业的数智化平台搭建、低碳化资源整合、沉浸式文旅体验优化以及产业价值的国际化传播。

二、文化旅游数智化发展的关键点

针对上述我国文旅产业数智化发展实践中存在的矛盾与冲突，秉承科技创新旨在传递“人”的价值之理念，特提出促进我国文旅产业数智化发展与文化基因传承传播的关键点如下：

①规划方面：文旅资源具有唯一性与不可替代性，尤其是文化遗产类旅游资源，本身承载了大量历史文化信息，寄托了人们的集体回忆与“乡愁”，具备独特价值，因此在活化利用中需要强调敬畏历史、尊重克制、活态保护的规划理念，优化文旅资源活化利用过程，避免资源浪费与闲

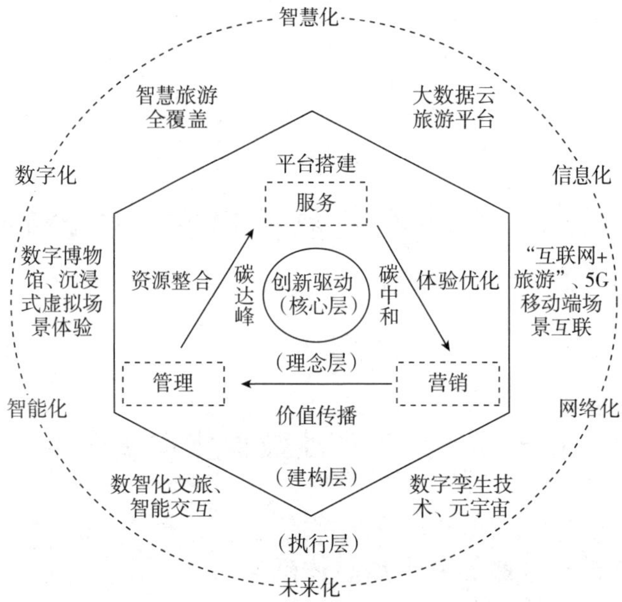

图5-1　文旅产业数智化发展总体框架

置，以及过度、片面开发等现象与弊端，有效实现文旅资源价值的有效活化和可持续发展。

②营销方面：深入挖掘特色化文旅资源衍生产品，打造文化品牌；重视自媒体“跨界”营销，扩大受众面和影响力；开发品质化文创产品，加强线上线下营销结合，注重故事性的鲜活表达与交互式体验；提升文化旅游国际化水平，用世界语言传播文旅资源的文化价值，使珍贵的文化资源在“活起来”的基础上“走出去”，在全球化语境中讲好文旅资源与文化遗产的“中国故事”。

③管理方面：政府要转变观念，从全局和整体，而不是地方、局部利益出发，具备基于底层社会的人文关怀，践行以人为本、价值优先、服务当代的文旅资源活化整体观，依托当地独特而不可替代的历史文化价值，构建符合当代人生活及现实需求的社会场景与人文生态环境；强调公众参与，发动社会力量和民间资本，赋予民众切实的知情权、参与权、监督权及收益权，建立与培育良好的“居游共生”与全民共享关系，让文旅资源

蕴含的珍贵文化基因真正“走”入每位民众的生活。

④人才培养方面：健全文化旅游人才培养机制，加强文化旅游“产学研”一体化协同创新，为旅游目的地的价值活化与合理开发，持续输送高素质、高水平的优质人才；同时，利用高校和科研院所的理论研究特长，寻求科技和管理创新，推动理论研究向实践成果转化，为旅游目的地文旅资源的价值活化与合理开发指明道路、创新思维、革新手段、提升效率。

⑤信息化方面：强力推进科技创新，实现科技赋能文旅资源活化。以游客需求为导向，依托“大数据＋”推进智慧旅游覆盖，进一步提升文旅资源保护与利用的数字化水平，包括遗产的数字化存档、保护与修复、考古文物发掘以及遗产文化的国内外展示传播、交流互鉴等方面。通过多模态人工智能等手段实现历史人物再现与场景还原，综合利用 VR、AR 等可视化信息技术营造沉浸式体验空间，推动传统文化创新化与社会化发展。

⑥文化传承与传播：对于文旅产业而言，打造创意文化空间，利用丰富的文化资源再现创意景观，依托对传统文化的表征创新实现遗产中特色文化基因的传承。对文化遗产这类宝贵的文化资源，须由抢救性保护转变为生产性保护，不断包容与创新，在对外开放新格局下实现对中华文明宝贵遗产的活态传承与国际化传播。在日趋频繁与深入的国际交流环境中，构筑起中华民族自身坚定的文化认同感，不断彰显中华民族的文化胸怀与文化自信。

文化遗产承载灿烂历史与文明积淀，是其所在地国家和民族的精神象征，也是人类文明交流互鉴的重要载体。放眼世界百年未有之大变局，如何加快构建面向国际、面向未来的新发展格局，需要更好地发挥文旅资源延续中华文脉、凝聚人民精神力量的承载作用。文旅产业的管理者和利益相关者，亦应全面衡量文旅资源活化利用的成效与结果，综合考虑主观与客观、当代与未来之间，文脉基因的永续传承性，在文旅资源与传统文物古迹管理实践中时常出现的过度商业化与僵化保护的悖论中，寻求资源价值的合理活化与深远传播，为我国在世界范围内提升国家软实力与国际影响力，实现中华文明的伟大复兴奠定坚实基础。

第二节　基于蚁群算法的智慧旅游路线规划

随着国民经济水平的逐渐提高，人们对精神世界的需求逐渐扩大，旅游业随之迎来机遇和发展，但是旅游路线规划作为旅游者重视的体验之一，传统的旅游路线规划费时费力，用户体验感较差，急需改进。近年来科学技术的发展，给传统的旅游路线规划提出了新的挑战并提供了新的机遇，基于科技力量的智慧旅游路线规划应运而生。

目前我国在旅游路线规划方面取得了一定的研究成果，定量与定性分析在旅游路线设计中的应用，理论知识丰富，但是缺乏实践验证；以路线节点为分析依据设计旅游路线，在实践中得到验证，但是所考虑的分析因素有限；等等。本书提出的基于蚁群算法的智慧旅游路线规划方案，相比之前的研究，在理论和时间方面均得到了验证，适合不同需求的人进行定制化设置，比如针对资金紧张的人，可以不考虑时间因素，制订消费低的计划；针对时间紧张的人，可以不考虑资金的影响，制订快节奏的计划；针对金钱和时间都不充裕的人，可以制订高性价比的旅游计划，符合用户对于旅游线路的各种要求。

一、蚁群算法

蚁群算法由意大利科学家提出，是根据蚂蚁寻找食物的路径而发明，在蚂蚁寻找食物的过程中会产生信息素，并进行释放，故在路径寻找中蚂蚁主要用到三个性能，分别为标记路线、简介通信、集群优化。

（一）基本原理

每个蚂蚁在觅食的时候，从一个位置到另一位置过程中，会释放信息素，当蚂蚁发现哪条路径距离短且行进方便，这条路径上面的信息素则释放较多，随着时间的推移，更多的蚂蚁也在寻找两地之间的最优路径，同时该地的信息素也在不断挥发，经过一段时间的叠加，哪条路径的信息素浓度最高，这条线路即为最优线路。

蚁群算法的基本流程：

①对各个计算参数进行初始化；

②随机在各个地点放上蚂蚁；

③蚂蚁自由选择地点；

④如有剩余地点可选择，那么再次进行步骤③，直到没有地点可供选择，此时更新信息素表；

⑤计算叠加次数，如果叠加次数没有达到极限值，那么重新进行步骤②，直到叠加次数达到极限值，此时得到蚁群算法的最优路径。

（二）改进算法原理

由于基本的蚁群算法花费的时间较长，而且容易在一个地方不断地循环，陷入死局，为了改正蚁群算法的缺点，对基本的蚁群算法进行改进。

针对时间花费较长的问题，采用搜索范围集中的措施，基本的蚁群算法在搜索范围的时候，是根据问题所涉及的区域范围进行筛选，花费的时间较长，改进后的算法，根据蚁群的特征，以蚁群走过的集中地带区域为搜索范围，大大减少了时间消耗。针对容易在一个地方不断地循环，陷入死局的情况，采用信息素实时更新，可以排除一些不必要的路线，同时采用信息素回滚机制，更加避免“死局”的产生。

在蚁群算法的阶段上，基本的蚁群算法阶段有：状态转移阶段—更新信息素阶段，改进后的蚁群算法，在状态转移阶段之前加入了搜索范围集中化阶段，将更新信息素阶段变为实时更新信息素阶段，并且在之后增加一个阶段为信息素回滚机制阶段。

二、智慧旅游路线规划模型

（一）模型建立

旅游者旅游的目标是花费更少的钱得到最好的、最舒适的旅游体验，这是本次目标函数建立的主要目的。

根据目前的交通工具进行调查，一般跨省之间的交通工具多选择飞机、高铁或者自驾汽车，假设从省会 i 到 j 采用的交通工具是否为飞机设为 f_{ij} ，是飞机则 f_{ij} 为1，不是飞机则 f_{ij} 为0，飞机的票价为 p_{ij} ；采用的交通工具是否为高铁设为 h_{ij} ，是高铁则 h_{ij} 为1，不是高铁则 h_{ij} 为0，高铁的票价为 q_{ij} ；采用的交通工具是否为自驾汽车设为 c_{ij} ，是自驾汽车则 c_{ij} 为1，不是自驾汽车则 c_{ij} 为0，自驾汽车的花费为 r_{ij} 。假设现在有一旅游团，共 m 人，$m \leqslant 5$，考虑到人数问题，采用的交通工具为自驾汽车，则从省会 i 到 j 再从省会 j 到 i 的费用之和为：

$$2 \times (f_{ij} \times p_{ij} \times m + h_{ij} \times q_{ij} \times m + c_{ij} \times r_{ij}) \tag{5-1}$$

在景点 i 和 j 之间的动态用 S_{ijk} 表示，如果第 k 天在景点之间变动，则 S_{ijk} 为1，若不变动则 S_{ijk} 为0，两个景点之间的路有两种选择，一种为高速公路，总长为 v_{ij} ，另一种为普通公路，总长为 w_{ij} ，那么从景点 i 到 j 产生的花费为：

$$\sum_{i=1}^{n} \sum_{j=1}^{n} \sum_{k=1}^{K} S_{ijk} \times (v_{ij} + w_{ij} \times 0.6) \tag{5-2}$$

假如在第 k 天的住宿一天花费 z_k ，旅途中住宿花费之和为 $\sum_{k=1}^{K} z_k$ ，车辆租赁的花费为 $(1 - c_{ij}) \times 300 \times K$，旅游中的花费之和（$M$）的最小值为：

$$\min M = 2 \times (f_{ij} \times p_{ij} \times m + h_{ij} \times q_{ij} \times m + c_{ij} \times r_{ij}) + \sum_{i=1}^{n} \sum_{j=1}^{n} \sum_{k=1}^{K} S_{ijk} \times (v_{ij} + w_{ij} \times 0.6) + \sum_{k=1}^{K} z_k + (1 - c_{ij}) \times 300 \times K \tag{5-3}$$

针对旅游者对于旅游体验的影响因素进行调查，调查结果显示，在各个景点的旅游时间越长，旅游者对于本次旅游的体验评价越高；当在各个景点的旅游时间之和一定的情况下，整个旅游所花费的时间越少，即非景点旅游时间越少，旅游者对于本次旅游的体验评价越高，由此可得，旅游者的体验与时间有联系，假设 F 为旅游体验函数，则：

$$F = \frac{\text{景点游览的总时间}}{\text{旅游途中的总时间} + \text{景点游览的总时间}} \tag{5-4}$$

针对 F，力求 F 最好，则：

$$\max F = \frac{\sum_{i=1}^{n} t_i}{\sum_{i=1}^{n}\sum_{j=1}^{n}\sum_{k=1}^{K} S_{ijk} \times \left(\frac{v_{ij}}{90} + \frac{w_{ij}}{40}\right) + \sum_{i=1}^{n} t_{js} + 2 \times (f_{ij} \times s_{ij} + h_{ij} \times u_{ij} + c_{ij} \times t_{ij})} \tag{5-5}$$

假设每次旅游的交通工具只能选择一种，景点不重复旅游，则智慧旅游路线规划模型为：

$$\min M = 2 \times (f_{ij} \times p_{ij} \times m + h_{ij} \times q_{ij} \times m + c_{ij} \times r_{ij}) + \sum_{i=1}^{n}\sum_{j=1}^{n}\sum_{k=1}^{K} S_{ijk} \times (v_{ij} + w_{ij} \times 0.6) + \sum_{k=1}^{K} z_k + (1 + c_{ij}) \times 300 \times K$$

$$\max F = \frac{\sum_{i=1}^{n} t_i}{\sum_{i=1}^{n}\sum_{j=1}^{n}\sum_{k=1}^{K} S_{ijk} \times \left(\frac{v_{ij}}{90} + \frac{w_{ij}}{40}\right) + \sum_{i=1}^{n} t_{js} + 2 \times (f_{ij} \times s_{ij} + h_{ij} \times u_{ij} + c_{ij} \times t_{ij})}$$

$$\text{s.t.} \quad \sum_{i=1}^{n}\sum_{j=1}^{n} s_{ijk} \times t_{ij} \leqslant 8$$

$$\sum_{i=1}^{n}\sum_{j=1}^{n} s_{ijk} \times t_{ij} \leqslant 3, \sum_{j=1}^{n} s_{jk} \times t_j = 8$$

$$\sum_{i=1}^{n}\sum_{j=1}^{n} s_{ijk} \times t_{ij} \leqslant 5, \sum_{j=1}^{n} s_{jk} \times t_j = 4$$

$$\sum_{k=1}^{m} s_{jk} = 1$$

$$\sum_{k=1}^{m}\sum_{i=1}^{n} s_{ijk} = \sum_{k=1}^{m}\sum_{j=1}^{n} s_{ijk} = 1$$

$$f_{ij} + h_{ij} + c_{ij} = 1$$

$$f_{ij}, h_{ij}, c_{ij}, S_{ijk}, S_{jk} \in \{0, 1\} \tag{5-6}$$

（二）基于蚁群算法的模型求解

第一，进行模型转化，将路线规划模型的体验目标、花费目标，综合设为目标 P，P 值与本次旅行规划的整体评价有关，P 值越小，表明整个旅途规划的评价越高，则有：

$$\min P = M \times (1 - F) \tag{5-7}$$

第二，将模型中的参数进行初始化设置：循环数 $N_C = 0$ ，最大循环数 $N_{c-\max}$ ，禁忌表 $tabu_k = 0$ ，信息要素的初始设置为 $\tau_{ij}(0) = 0$ ，随着事情的发展 $\tau_{ij}(0) = \tau_0$ ，计算公式 $\eta_{ij}(t) = \frac{1}{t}$ 。

第三，将 m 只蚂蚁随机放到 n 个景点上，并将信息记录到 $tabu_k$ 中，设置参数 $N_c = N_c + 1$ ，当叠加次数不大于1时，缩小各个影响因素的可选范围，并且根据选择结果，更新 $tabu_k$ 表。

第四，调整和更新表格内容，如果 $tabu_k$ 表已经满了，则将最优旅游路线、路程、无效搜索次数记录下来，然后设置 $tabu_k = 0$ ；如果 $tabu_k$ 表还有空间，则根据上个步骤判断叠加次数。

第五，统计无效搜索次数，若次数大于最大值，则利用信息分析技术得到其叠加次数，若次数小于最大值，则直接得到其叠加次数；当叠加次数小于最大值时，则将蚂蚁放在景区，重新进行验证，参照第三步中的内容，当叠加次数大于最大值时，得到最优解。

三、模型应用

（一）基本信息

假设旅游路线规划的对象景点为192个，均为5A级别，其中北京7个，时间3.5小时；广东10个，时间6小时；天津2个，时间1.5小时；广西4个，时间3小时；河北5个，时间5小时；海南10个，时间9小时；山西6个，时间3.5小时；重庆6个，时间6小时；内蒙古2个，时间1.5小时；四川10个，时间8小时；辽宁4个，时间2.5小时；湖南7个，时间5小时；吉林4个，时间2.5小时；贵州4个，时间3小时；黑龙江5个，时间3小时；云南6个，时间4.5小时；上海3个，时间2小时；西藏2个，时间1小时；江苏10个，时间12小时；陕西6个，时间3.5小时；湖北11个，时间8.5小时；甘肃4个，时间3小时；浙江12个，时间7.5小时；宁夏4个，时间2.5小时；福建8个，时间7小时；江西7个，时间6小时；山东9

个，时间 6 小时；青海 2 个，时间 1.5 小时；河南 5 个，时间 2.5 小时；新疆 9 个，时间 8 小时；安徽 8 个，时间 7 小时。旅游者要求每年外出游玩的时间不可以超过一个月，可以分次进行，最多不超过 4 次。

（二）最优旅游路径规划

将 192 个旅游景区进行划分，划分为 27 个区域，通过建立的智慧旅游路线规划模型，利用蚁群算法进行计算，得到结果如表 5－1 所示。由表 5－1可知每个旅游区域的游玩所花费的时间、费用、个数以及最佳的旅游安排先后顺序。

表 5－1　最佳旅游线路安排

旅游区域	天数/天	费用/元	景点个数/个	旅游年份
1	15	29925	5	第 1 年
2	15	13493	4	第 1 年
3	8	27772	4	第 2 年
4	10	7004	6	第 2 年
5	12	9253	9	第 2 年
6	6	4282	2	第 3 年
7	11	8900.8	7	第 3 年
8	13	8059	8	第 3 年
9	8	6482	4	第 4 年
10	10	8160	7	第 4 年
11	12	9127	10	第 4 年
12	13	10363	15	第 5 年
13	11	9021	7	第 5 年
14	6	4773	3	第 5 年
15	13	10218	14	第 6 年
16	10	7325	9	第 6 年
17	7	4885	5	第 6 年
18	12	9170.6	8	第 7 年
19	13	9201	11	第 7 年
20	3	13440	2	第 7 年
21	13	10951	8	第 8 年

续表

旅游区域	天数/天	费用/元	景点个数/个	旅游年份
22	12	8324.2	13	第8年
23	13	9715	11	第9年
24	10	8341	6	第9年
25	9	8155	4	第10年
26	6	16617	5	第10年
27	10	15126	5	第10年

（三）智慧旅游路线规划应用总结

通过对蚁群算法在智能化旅游路径规划方案中的应用进行分析，主要得出以下结论：

①为了改正基本的蚁群算法花费时间长，容易陷入死局的缺点，对基本的蚁群算法进行改进，与基本蚁群算法相比，增加了搜索范围集中化阶段、实时更新信息素阶段、信息素回滚机制阶段。

②以旅游花费更少的钱，得到最好的最舒适的旅游体验为目标，建立了旅游路线规划模型。

③利用改进蚁群算法对模型进行求解。

④基于蚁群算法的智慧旅游路线规划模型在实际案例中进行应用，得到了最优旅游路径。

第三节　基于游客体验的文化旅游资源活化

一、体验与旅游体验

（一）体验（Experience）的含义

按照《英语图解大词典》对 Experience 的释义，作为名词，其是指“对事实的实际考察或实践认知，是从中学到的知识或技巧，是比较难忘的事件”；用作动词的意思则是经历、体验和感受等（外研社 · DK 牛津，

1999)。Experience 翻译成中文是有经验、经历、体验之意，其中，经验是指经过多次实践而得到的知识、技能或亲身经历。经历是指亲眼见过、亲身做过或遭遇过的事情。体验是指通过实践认识周围的事物。

除了字面上的含义，对体验的理解，还可以从美学、心理学、审美心理学、经济学、文化学等学科的角度展开。在美学领域，体验就是艺术中那种令人沉醉痴迷、心神震撼的东西，是与艺术和审美相关的更为深层、更具活力的生命领悟、存在状态的经验。从心理学的角度出发，施密特认为体验是一种需要个体参与而产生的内心感受，大多来自直接观看或参与，体验是在适当的氛围和背景下被“引发”出来的，具有针对性和倾向性。王朝闻（1989）认为，体验是在感觉经验的基础上，对感觉经验进行改造和加工，形成对客体的一种特殊的感受能力。这种特殊的感受能力与关注一样，常常伴随着情感，带有一定的主观性，依赖于其他的，如观察、分析、推测、想象等心理活动。这种特殊的感受能力对于个人很重要，不只是主体对于客体的创造性的感受，而且已经成为创造主体敏感能力的一种内在动力。在把握审美对象内心世界的奥秘之处方面，体验有着非常重要的意义和作用。体验的本质在于它是基于生理反应的一种现象，这种体验在本质上是个人的，是一种个性化的需求，是一个人达到情绪、体力、智力，甚至是精神的某一特定水平时，在其意识中所产生的美好感觉。任何一种体验，都是某个人自身心智状态与事件之间互动作用的结果（堪莉，2003）。

体验作为一个经济学术语，源自美国著名未来学家阿尔·托夫勒，其在《未来的冲击》（1970）一书中首先提出了体验产业（Experience Industry）的说法。1998 年，约瑟夫·派恩二世（B. Joseph Pine Ⅱ）和詹姆斯·吉尔摩（James H. Gilmore）也从经济学意义上使用了该概念，并提出体验经济（Experience Economy）时代已经到来。从约瑟夫·派恩二世和詹姆斯·吉尔摩的《体验经济》（2002）一书中可以得到关于体验的经济学内涵：“体验作为一种新的、迄今未得到广泛认知的经济提供物，是继农业商品、工业商品和服务之后一种新的经济提供物，它犹如服务、商品或日用商品一样真实，以‘难忘’为特点而有别于其他商品，它需要个体的高度参与，从而获得一种个性化的感觉。”因而，从经济学的角度来看，体验具有深刻性，是一种“难忘”的商品；它具有独特性，是一种使个体得到满足的商品，不同的客体、情景和氛围引发不同的体验，即有不同的感受；它的价值在于满足人们精神上的需求，而它的获得需要个体的高度参与。

从文化学意义来讲，体验是日常生活的审美呈现，使审美成为“生活的一部分”；体验是消除了距离的审美体验，是主体和客体的直接融合。所以，从文化学的角度来看，体验是通过隐藏在不同商品和服务背后的文化含义，在主客体相互作用的过程中，满足人们在精神上的需求（阿尔·托夫勒，1985）。因此，体验作为一种经济提供物，同时具有文化性，它是隐藏在一般商品和服务背后的文化意义，它的文化性满足了人们在精神上的需求。

（二）旅游体验的相关理论

自20世纪70年代以来，以“旅游体验”为主题的社会科学研究文献数量一直在持续增长，旅游体验业已成为旅游学术研究的热门主题之一。国外学者很早就开始从旅游是一种体验的角度出发，对旅游体验进行较为深入的研究探讨，研究范围涵盖了旅游体验的真实性、旅游体验的概念模型、旅游体验的维度，等等。而国内关于旅游体验的研究从20世纪90年代末才开始，对旅游体验理论的探讨目前为止仍处于起步阶段。现将国内外关于旅游体验的相关理论综述如下。

1. 旅游体验的概念

国外的旅游学术界中，对于旅游体验的研究起源于布斯汀（Boorstin，1964）。他将旅游体验的内涵理解为一种流行的消费行为，是一种人为的、预先构想的大众旅游体验。麦肯奈尔（MacCannell，1973）提出，旅游体验是人们对现代生活困窘的一种积极回应，是旅游者为了克服这种困窘而追求的一种对“本真”（Authentic）的体验。相反，特纳和艾什（Turner and Ash，1975）则认为，旅游在本质上就是偏离常态的行为，或一种时代的病症。科恩（Cohen，1979）将体验定义为个人与各种“中心”之间的关系，认为体验的意义源自个人的世界观，取决于个人是否依附于某个“中心”。此处的“中心”并不一定是个人生活世界的地理中心，而应用类似“家园”这样的术语来间接地予以解释，即可以解释为每个个体的精神家园，象征着某种终极意义。Ryan（1997）则将旅游体验的概念界定为：“针对个体的，涉及娱乐或学习的多功能休闲活动。”

在国内，较早对旅游体验做出定义的是谢彦君，他在1999年出版的《基础旅游学》一书中指出，“旅游体验是旅游个体通过与外部世界取得联系从而改变其心理水平并调整其心理结构的过程。这个过程是旅游者心理与旅游对象相互作用的结果，是旅游者以追求旅游愉悦为目标的综合性体验”。这个定义是从旅游市场需求的单一角度对旅游体验进行界定的，若从旅游供给的角度来理解旅游体验，则是指旅游企业提供的以体验为旅游吸引物，吸引旅游者前来旅游，并留下深刻难忘印象的旅游产品，即通常所说的体验式旅游。若将旅游供给与旅游需求结合起来看，旅游体验是整合具体实物形态与服务以体验为吸引物的综合性旅游产品，是旅游者消费实物与服务的难忘的美好经历，是由卖方提供的，买方经历的一个动态融合体。因而，旅游体验就是创造难忘的经历，它是人们与外界事物、活动、他人互动的结果，是伴随着美好情感的回忆（黄鹂，2004）。对于每一个旅游者来说，旅游体验是他以个人化的方式度过的一段美好时光并从体验中获得的一系列可记忆事件，这种体验既满足了他的客观心理需求，也反映了他的品位（李怀兰，2004）。

窦清则认为可以这样来定义旅游体验，指的是主体离开常住地前往异国他乡非定居性的旅行和短暂的停留所进行的参与性活动，以满足个体的缺失性需求和高层次需求，使主体从中获得心理上和精神上的深层次满足，进而使主体感觉生活富有意义，更趋完整，使主体作为人而成为人自身。

基于以上理论，笔者认为，旅游体验是游客以追求愉悦为目标，在旅游过程中通过与旅游客体之间的持续互动，将客观环境逐渐内化为内心主观感受，从而不断对原有印象、感知与心态进行调整，并在此基础上形成新的认知与情感的过程。

2. 旅游体验的内容

关于旅游体验的内容，Cohen（1979）曾将旅游体验从内容上分为休闲（Recreational）模块、变化（Diversionary）模块、经验（Experiential）模块、尝试（Experimental）模块和实体（Existential）模块。其中，休闲模块表现为有休闲取向的个体，走出平淡无奇的生活，到外部世界寻找娱乐。变化模块反映的是人们对变化的追求，借助旅游，人们可以暂时摆脱日常生活的压力。经验模块表现为一个历时性的经历过程，人们意识到日常生活不够丰富，想要获得更多的社会、文化和自然的真实体验，就必须花时间到别处去寻求。尝试模块中，个体深受疏远感的影响，并且日常生活中面临迷失自我的危险，他们无论是在异地的自然环境中，还是在社会环境中，都在努力地重新找回自己。实体模块中，人们感觉到生活在错误的时空里，他们与日常生活相隔甚远，以至于需要到其他地方去寻找更好的世界。

谢彦君（2004）则认为旅游体验从内容上包含旅游审美愉悦和旅游世俗愉悦这两大类体验。所谓旅游审美愉悦，是指旅游者在欣赏美的自然、艺术品和其他人类产品时所产生的一种心理体验，是一种在没有利害感的关照中所得到的享受，是超功利的。王柯平（1997）认为，旅游体验在本质上“是一项集自然美、艺术美和社会生活美之大成的综合性审美体验活动”。在旅游审美愉悦的体验过程中，最重要的一点，是审美主体面对审美对象的超功利的认识。

旅游审美愉悦以外的一切愉悦都称为旅游世俗愉悦。这种愉悦是建立在对感知对象的功利性认识的基础之上的，通常通过某种单一的“低级”感官（如触觉、味觉、嗅觉等）所获取，是人生通常的愉悦形式，如品尝美味时的感官之乐等。这种愉悦产生的前提以及愉悦的强烈程度，常常与感受之前的经验积累有关。它往往仅停留在直接的水平上，表现为某种直接的感受。

3. 旅游体验的真实性

“真实性”（Authenticity）一词最初来自希腊语，意思是自己做的、最初的。在旅游研究领域，20 世纪 70 年代，社会学家 MacCannell 首次将真实性的概念引入旅游者动机和体验的研究当中。Wang（1999）在《对旅游体验真实性的再思考》（*Rethinking Authenticity in Tourism Experience*）一文中，总结了国外关于真实性体验研究的几种观点，认为旅游体验的真实性可以分解为两类，即旅游者体验的真实性和旅游目的物的真实性。对这两类问题的不同认识，目前学术界形成了三种不同的观点：

第一种是“客观性真实”（Objective Authenticity）的观点，强调客观事物原汁原味的真实性，由此产生的旅游者体验，是对事物原形的认识性体验。Boorstin（1964）把大众旅游看作“伪事件”（Pseudo－Events），认为它是由文化的商业化引发的，随之而来的是旅游者体验的同质化和标准化。MacCannell（1979）认为，与原始社会相比，现代人认识到了其生活的浅薄性和体验的非真实性。因此，旅游者在旅游中追求对事物原形的真实体验。他提出了“舞台真实”（Staged Authenticity）的概念，其中特别强调对事物原形的体验，即对旅游目的物真实性的体验，否认了旅游者体验的真实性。

第二种是“建设性真实”（Constructive Authenticity）或“象征性真实”（Symbolic Authenticity）的观点，认为旅游的真实性存在于旅游者或旅游生产商按照他们的想象、期望、偏好、理念等设计的旅游目的物。旅游者所获得的体验的效果，依赖于他们所处的特殊环境和主观感受。旅游目的物的真实性，仅仅是象征意义上的真实。Bruner、Cohen、Rang 等学者都持“建设性真实”这一观点。Cohen 以迪士尼为例，解释了即使有些事物最初就是不真实的或人工的，但随着时间的推移，它慢慢也会变成“自然而然的真实”（Emergent Authenticity），他认为旅游目的物在旅游者体验中被看成真实的，并非说明这些事物本身就是原形，而是因为它们被认为是真实的标志或象征。

第三种是"存在性真实"（Existential Authenticity）的观点。Eco 和 Baudrillard 也以迪士尼为例，说明由于没有原形，也就无所谓真假。Brown（1996）用"真实的赝品"（Genuine Fakes）来描述这一现象。后现代主义者由此提出了"存在性真实"的观点，他们认为，"存在性真实"是指生命的一种潜在存在状态，这种存在会被旅游者的活动激活。相应地，旅游体验的真实性，就是在特定的旅游活动中获得的这种被激活的生命存在状态。这一观点主要从旅游者行为的角度出发，注重对旅游者真实体验的研究，而旅游目的物的真实与否并非十分重要。在这里，旅游被看成更简单、更自由、更真实、自然而然的、忘却功利和紧张的、超越日常生活的一种生活方式，如野营、登山、探险等，旅游者并不关注旅游目的物是否真实，他们只想通过这些活动或旅游目的物来寻求真实的自我。Daniel（1996）用古巴的伦巴舞表演来解释"存在性真实"这一现象："旅游者主动参与到跳舞行列中而非被动观看，他们在跳舞中发掘身体潜能，适应舞步节奏，与整个舞蹈融为一体，从而获得康乐、愉快、喜悦，趣味盎然，偶尔也会有受挫的感觉。许多旅游者感觉到在那一刻舞蹈已成为他们的整个世界，时间和紧张已被延缓。"Neumann（1992）还发现，伦巴舞中已糅入新的元素，如创造性、舒畅性等，因此，它已经不是原汁原味的伦巴舞了，但由于它的创造性和舒畅性，使人仍然能感受到它的真实性。

4. 旅游体验模型

20 世纪后半段，欧美学者开始将旅游景区管理研究的重点集中在游客身上，强调对游客体验的调查，应建立在游客亲身描述的事实的基础上。Prentice 和 Witt（1998）在综合了国外多位学者的观点后，归纳出研究旅游体验的五种模型：

第一种是体验的"等级模型"（Hierarchical Models of Experience）。它将体验分为享受自然、摆脱紧张、学习、价值共享和创造五种，并提出了旅游景区基于体验的管理（Experience - Based Management）、基于活动的管理（Activity - based Management）等理论。

第二种是体验的“标准模型”，以“畅爽”（Flow）为体验效果的衡量标准。它是由心理学家 Csikszentimihalyi 提出的最佳体验标准，即“具有适当的挑战性而能让一个人深深沉浸于其中，以至于忘记时间的流逝，意识不到自己的存在”。

第三种是“有目的的行为模型”（Planned Behavior），即从行为理念、标准化理念和控制理念中预测目标导向的行为。

第四种是体验的“类型学模型”（Typological Approaches to Experience）。认为由于游客有多种类型，他们所寻求的旅游体验也因此不同。Cohen（1979）将体验分为五种模式：娱乐、转移注意力、体验、实验和存在。它们分别代表了不同的体验方式，如恢复健康、逃离喧嚣、寻求美感、寻找可选择的生活方式、接受异域文化，等等。

第五种是“局内人—局外人模型”（Insider - outsider），该模型将目的地的居民、工作人员当作局内人，而把旅游者当作局外人。局外人由于缺乏对当地的了解而无法理解当地标志性事件的含义。这一观点在以后又得到了发展，认为局内人和局外人是跨越时空联结在一起的利益体，旅游者可以通过事先了解旅游目的地的历史和其他信息，从而成为有洞察力的局外人。因此，旅游体验的过程就是局内人与局外人相互作用、相互影响的过程。

5. 游客体验的分类

不同的游客，由于在旅游动机、旅游期望方面的差异，他们所追求的旅游体验也因此会有所区别。约瑟夫· 派恩二世和詹姆斯·吉尔摩在其《体验经济》（2002）一书中，将体验分为四种类型：娱乐（Entertainment）、教育（Education）、逃避（Escape）和审美（Estheticism），简称“4E”。他们认为，让人感觉最丰富的体验必须同时涵盖四个方面，即处于四个方面交叉的“甜蜜地带”（Sweet Spot）的体验，如图 5 - 2 所示。

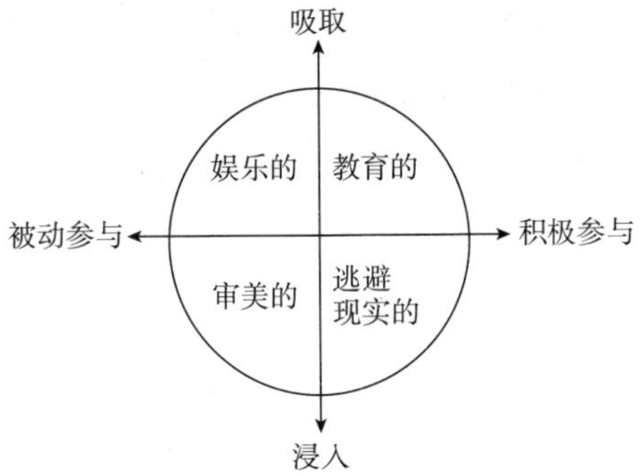

图 5－2　体验的四种类型

资料来源：派恩二世，吉尔摩（2002）。

（1）娱乐

娱乐是人们最早使用的愉悦身心的方法之一，也是最主要的旅游体验之一。根据游客对娱乐活动参与程度的差异，可将娱乐体验分为三类：观赏型娱乐，即游客主要通过静态观赏、精神参与的形式领略娱乐活动的美好；参与型娱乐，游客通过动态互动、身体参与的形式加入到活动中去，在亲身实践中，领略娱乐活动的真谛；观赏参与型娱乐，游客以静态和动态相结合的方式参与到娱乐活动中。

（2）教育

将教育与旅游结合进行，古已有之。旅游者在旅游中的所见所闻，本身就是难得的体验。按照游客的旅游目的，可以将教育的体验分为两类：一类是主观的教育体验，即游客以受教育为旅游的主要目的，通过参加旅游活动，达到获得相关知识的目的，如休学旅游、体验式游学等；另一类是客观的教育体验，游客出游的主要目的并非受教育，但在旅游活动中也无意识地学习了新的知识、掌握了新的技能，如生态旅游、农家乐等。

（3）逃避

社会竞争高度激烈的当今社会，每个人都同时扮演着多重角色，生活在复杂的人际关系之中，所承受的压力是相当大的。因此，人们渴望通过旅游活动，暂时摆脱自己在生活中扮演的各种角色，寻找生活中另一个摆脱束缚和压力后的真实自我。根据游客逃避现实的原因不同，逃避的体验可分成三种类型，即逃避熟悉的生活、摆脱工作压力和逃避复杂的人际关系。

（4）审美

由于旅游资源的类型多样，旅游者对不同审美对象的观赏，可以获得不同的审美体验。根据审美对象的不同，可以将游客的审美体验分为三类：自然审美是对自然景观的审美；社会审美是对人类生活内容和结果的感知；艺术审美是对客观存在的各种艺术品或某种艺术的欣赏。

邹统钎（2004）根据旅游活动的本质以及游客心理需求的特点，将游客体验的类型分为五类：娱乐、教育、逃避、审美和移情（Empathize），用“5E”来表示。娱乐体验是通过主动的感觉经历而得到愉悦；教育体验是客人在积极参与的同时，分析在他面前展开的事件，让他有所得、有价值满足感；逃避体验者就想通过积极参与到一种浸入式的，与现实习惯不一样的环境当中，得到一种摆脱束缚后的轻逸感；而审美体验者就想到达现场，在自然或人工营造的体验中得到真实的审美刺激，进而融入其中，获得愉悦；移情则是把自己置身于他者的位置之上，将自己幻变为意想中的对象，从而实现情感的转移和短暂的自我逃离。

6. 旅游高峰体验研究

当苏轼游于赤壁之下时，面对“白露横江，水光接天”的境界，他不禁生出“浩浩乎如冯虚御风，而不知其所止；飘飘乎如遗世独立，羽化而登仙”之叹。这种“羽化登仙”的感觉是一种难得的、融入的境界，是一种巅峰状态，是一种精神感悟，是一种特殊的体验。这种体验带有尼采所说的“酒神”迷醉状态的成分，但跟美国心理学家奇克森特米哈伊（Csikszentmihalyi，1975）提出的“畅爽”理论以及马斯洛（Maslow）提出的“高峰体验”（Peak Experience）理论则更为贴近。

（1）畅爽理论

根据 Csikszentmihalyi 的定义，“畅爽”是指一种当个人完全沉浸在一项活动中时所产生的心理状态，个人因为自身的兴趣完全融入其中，专注在自身注意的事情上，并且丧失其他不相关的知觉，就好像被活动吸引进去一般，当个人产生这种心理现象时，我们即可称其为“畅爽”。

简单来说，该理论认为当“畅爽”发生时，通常情况下的主/客体界限将被打破，人们会完全沉浸其中，以至于忘记了时间的流逝，意识不到自己的存在。畅爽是一种暂时性的、主观性的体验，可这也是人们为什么愿意继续再从事某种活动的原因（Webster and Trevinoand，1993；Csikszentmihalyi，1990）。

Ghani 和 Deshpande（1994）提出两个畅爽的主要特征：会在活动中完全专心（Concentration）和从活动中引导出享受（Enjoyment）；而畅爽体验带来的效果则会让使用者较重视过程而非结果，即丧失时间感。

从审美的角度来看，这种畅快的、愉悦的心理体验产生的自由感和美好感是个人对自在、真实生命的自由的用心体验，这是超然物外、天人合一、渗透人间世相、悟出生活真谛后的一种生存境界，是一种超道德的审美境界。

（2）高峰体验

Privette 和 Bundrick（1987）认为，畅爽是一种内在享受的经验，和高峰经验及高峰表现（Peak Performance）类似。而所谓的高峰体验是“自我实现”或健康心理的倏忽短暂的插曲。这种体验可能是转瞬即逝的极度强烈的幸福感，甚至是欣喜若狂、如醉如痴、欢乐至极的感觉。在这短暂的时刻里，人们沉浸在一片纯净而完美的幸福之中，摆脱了一切怀疑、恐惧、压抑和紧张。人们的自我意识悄然消逝，从而不会因为感到自己与世界之间存在着任何距离而相互隔绝，相反，他们觉得自己已经与世界紧紧相连，融为一体。他们感到自己是真正属于这一世界，而不是站在世界之外的旁观者（谢彦君，2006）。

高峰经验指的是一种强烈及高度被尊重的时刻（An Intense and Highly Valued Moment）（Maslow，1962，转引自 Privette，1983）；高峰表现则是指个人执行需要较高心灵层级的活动，而且个人的表现明显与一般情况下不同，主要与执行活动所需要的能力等级（Level of Performance）有关，二者都是最佳（Optimal）的经验，不过并不依附在某种特定的行为上，即在任何活动中都有可能发生（Privette，1983）。

综上所述，无论奇克森特米哈伊的“畅爽”论还是马斯洛的“高峰体验”一说，都描述了人在获得精神的沉醉状态时那种极度幸福快乐的境界。旅游者出行时，往往怀有体验这种“沉醉”的梦想（谢彦君，2005）。然而这种状态并不易得，在每一个具体状态下或每一种情境中，旅游者的旅游体验质量亦迥然不同，呈现出不同的强弱程度。为衡量这种旅游体验质量的差异，理论界构建了种种测量方法。李（Yiping Li，2000）和杰克逊（M. S. Jackson，1996）都使用了正感体验（Positive Experience）和负感体验（Negative Experience）来描述旅游者的体验感受。正感体验形成满足的心态，即有较高的满意度，旅游者所获得的这种感受可称之为满足感，表现在情感体验上则是“快乐感”；负感体验则会产生很低的满意度，甚至是走向反面，形成失望的心态，产生厌恶、懊悔和憎恨的感觉，这种感觉可以称为挫折感，而表现在情感体验上则为“痛苦感”。而无论正感体验（满足感），还是负感体验（挫折感），都可以统一在“愉悦度”这个单一的维度上，其两端分别指向情感状态的快乐和痛苦。而快乐的极致，也就是“快乐”一端的极大值，就是达到了所谓的“畅爽”的状态。

（3）体验的“共睦态”

“共睦态”一词源于维克多·特纳《仪式过程：结构与反结构》（2006）一书中的拉丁文“communitas”，后由我国台湾地区的余光弘教授翻译得来（赵红梅，2008）。特纳提出的共睦态（a Sense of Communitas）现象是在仪式中的阈限阶段出现的。在阈限期内，受礼者彼此之间往往会形成一种同志关系和平等关系，世俗的级别和地位之分消失了，甚至呈现某种被同化的趋势，最终形成一种被其称为反结构的、彼此交融的共同体（Turner，1969）。福斯特（Foster，1986）通过对群体旅游者行为的观察，将这种群体性旅游团体描述为一种“临时的社会”和“共睦态”。自此，共睦态这一范畴便被用来考察群体旅游者在旅游活动中的阈限体验，产生一种如纳尔什·格雷本（Graburn N.，1983）所说的“神圣”而严肃的情感。与此同时，国内的一些学者也开始尝试给出对旅游体验共睦态的理解：谢彦君将“共睦态”这一源自仪式理论的范畴引入旅游体验研究中，使旅游体验的研究对象从传统主流针对个体旅游者体验的抽象研究扩展至对群体旅游者体验的微观社会学层面（谢彦君、徐英，2016）。马凌（2010）对西双版纳傣族泼水节中的阈限体验和“共睦态”现象、李应芝（2014）对梵净山佛教文化旅游，均展开了案例研究。

（三）游客体验的影响因素研究

关于旅游体验总体质量及其相关影响方面的研究，国外学者进行过相应的探索，并从各自不同的视角出发，建立了不同的模型。这些模型在一定程度上阐释了产生不同旅游体验的原因，进一步加深了人们对旅游者行为的认识。

学者 Chris Ryan（1997）在其著作《休闲旅游：社会科学的透视》中，将影响旅游体验的因素划分为先在因子、干涉变量、行为和结果几个因素，并认为旅游体验的质量是这些因素相互作用的结果。

其中，先在因子包括个性、社会等级、生活方式、家庭生命周期、目的地营销和定位、过去的知识和经验、期望、动机等，并且动机受其他因素的作用而对各干涉变量施加影响。干涉变量包括旅游经验中的延误、舒适、便利、目的地的可进入性、目的地性质、住宿质量、景点数目和活动内容以及目的地种族的性质等（见图 5 -3）。

Chhetria、Arrowsmitha 和 Jacksonb（2004）在其文章《自然旅游目的地徒步体验决定因素》（*Determining hiking experiences in nature - based tourist destinations*）中，曾尝试着对影响游客在自然景观区域徒步体验的潜在影响维度进行了调查和研究。

通过对一组沿着位于澳大利亚维多利亚州西部的 Grampians 国家公园进行徒步旅游的大学生的问卷调查研究，使用多维缩放技术和主成分分析等研究方法，Chhetria 等将旅游者的体验变量归纳为四个主要因子，即期望体验（Desirable Experience）、迫使性体验（Impelling Experience）、忧惧的体验（Apprehension Experience）和社交的体验（Social - interaction Experience），并提出了一个二维模型，如图 5 -4 所示。

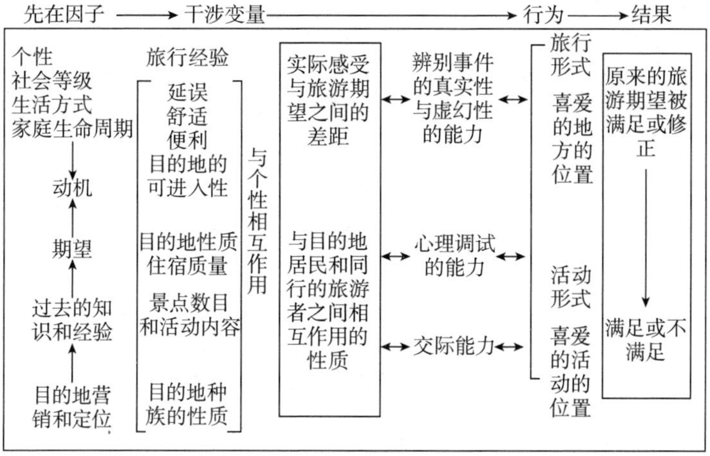

图5-3　旅游期望与旅游体验满足之间的关系

资料来源：谢彦君（2004），转载。

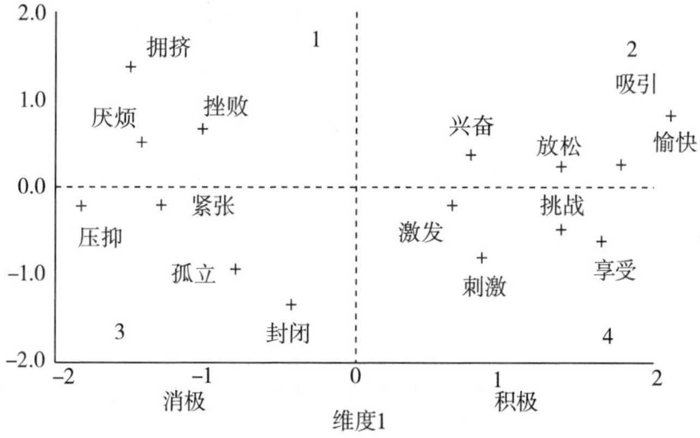

图5-4　行为式徒步体验的二维展现

资料来源：Chhetria 等（2004）。

挪威学者 Vittersu、Vorkinn 和 Vistad 等（2000）在对挪威的六个旅游景点的游客体验进行研究的过程中，针对游客在旅游景点获得的不同体验，引入了“流畅单体”（Flow - simplex）理论来区分不同的旅游者体验信息，提出了同化（吸收）阻力（Assimilation Resistance）的概念。他们认为，“无论任何时候，当一个人的现实世界感知与其头脑中存在的图示一致时，同化吸收的进程将毫无阻力地进行”（见图5-5）。

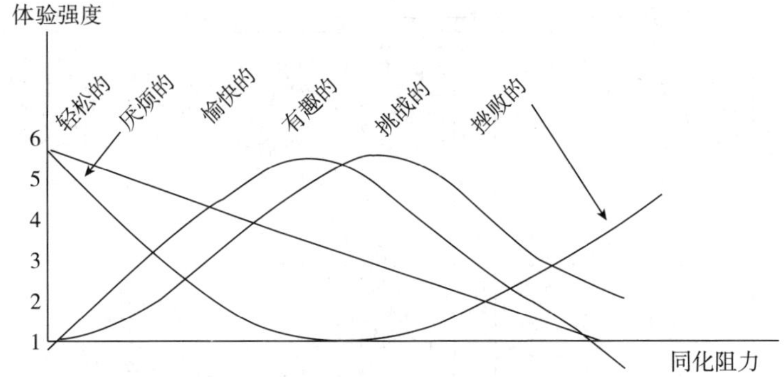

图 5 -5　同化阻力与情感反应

资料来源：Vittersu 等（2000）。

他们认为，同化阻力随着游客的现实状态与其本身内在“感知地图”的差别大小而增减。随着阻力的增加，游客的体验将从厌烦向舒适和放松发展。当同化阻力达到更大一些时，这些体验将被愉快或满意的感觉取代；当同化阻力达到再高一点的水平时，经典的反应是产生有兴趣的感觉；而当达到更高的水平时，将会有挑战的感觉。但如果同化的阻力达到相当大时，愤怒和挫折感就将统治整个体验（Vittersu et al.，2000）。

该研究结论与 M. Csikszentmihalyi 与 I. S. Csikszentmihalyi 等提出的“八径模型”（Eight - channel Model）（旅游体验的“挑战—技能”模型）有一些相似。“挑战—技能”模型是从心理学上“期望与满意度”的角度出发进行研究的。该理论认为，在追求休闲的人们当中，他们所获得的满意程度取决于他们所面临的挑战的性质和自身应对挑战的技能水平。如果前者能超过后者，就会因为担心挑战无法克服而出现不满，参与的积极性可能因此而降低；但如果后者超过了前者，则可能会认为挑战的水平太低、不值得挑战，或因没有足够的挑战性而产生枯燥厌倦之感。如图 5 -6 所示。

谢彦君、吴凯（1999）对上述模型进行了改进，提出了更为完善的“挑战—技能”模型，如图 5 -7 所示。

在这个改进的模型中，谢彦君、吴凯重新界定了若干特征值和特征域。图 5 -7 中的 *OR* 线可以称为“一般满足线”，它来源于期望与感受的均衡，即旅游者所面临的挑战水平与自身拥有的技能水平的均衡。与此相

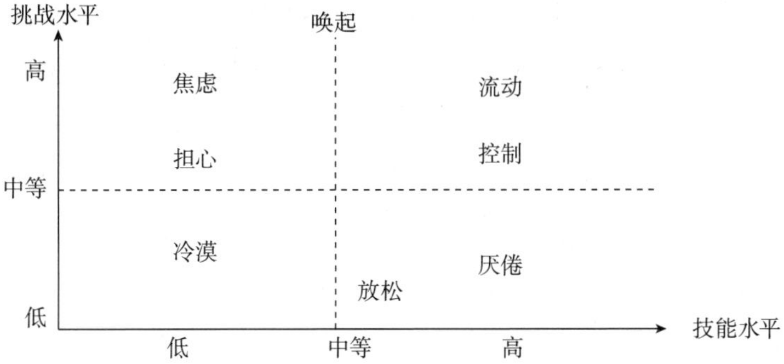

图5-6　旅游体验的"挑战—技能"模型

资料来源：谢彦君（2004）转载。

对应的是，由 *OPR* 与 *OQR* 构成的两个扇区和由 *Oprq* 与 *OPRQ* - *Oprq* 构成的两个矩形域。这个模型的重要价值在于，它可以同时用这个大小不同、位置也不同的两个矩形域和相对位置不同的两个扇形域，对旅游者的满足程度和实现机制进行刻画。两个矩形被用来描述因挑战水平和技能水平的均衡差异而形成的满足水平差异（谢彦君，2004）。换句话说，矩形 *Oprq* 所代表的满足，从社会角度来看是一种低水平的满足，而 *OPRQ* - *Oprq* 所代表的满足从社会角度来看是一种高水平的满足。

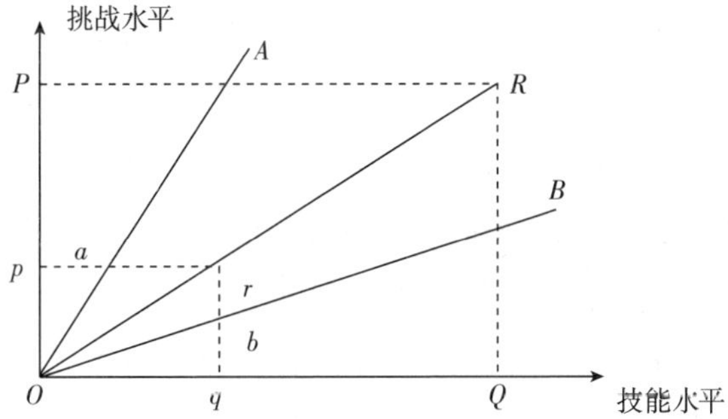

图5-7　改进的旅游体验"挑战—技能"模型

对于旅游者来说，只要处在"一般满足线"（*OR*）的状态上，就是一种高水平的满足，无论线上的点位于哪个矩形域内。但是，对于不同的旅游者而言，"满足"能否获得或如何获得，还取决于挑战水平与技能水平的关系。

在 *OPR* 扇形域之内，挑战水平高于技能水平，在这种情况下，旅游者在形成期望的过程中，畏却、不安和恐惧的心理在发挥作用，因此往往会造成其期望值趋低的倾向，而恰恰在这种情况下，旅游者会有较多获得意外惊喜的机会。旅游者会因战胜某种挑战而获得很高的成就感，满意度因此而大大提高。这种提高的程度与挑战水平的差异程度有关。反映在模型当中，就是在整个 *OPR* 区域中的 *OPA* 小扇区内潜藏的获得意外满足的机会多于 *OAR* 区域，当然能够获得这种满足的可能性，在两个区域中恰好相反。

在 *ORQ* 扇区之内，技能水平高于挑战水平，这时旅游者的反应往往是乏味、没有激情和没有行为动力。这种情况的严重程度反映在模型中，就是在整个 *ORQ* 扇区中，*OBQ* 要比 *ORB* 更具有这种性质。如果旅游者在旅游过程中始终不能发现一些期望之外的新的挑战，不满足感必然弥漫于心，挥之不去。当然，这还与旅游者的自我调节能力有关，这一点将在后面章节中论述。如果某一旅游景区在塑造自身形象时，最终使自己落入 *ORQ* 的扇区内，是很难打动旅游者前去游览的。

谢彦君（1999）将“对旅游者心理构成周围型刺激”的旅游情境（作用于旅游体验的环境影响因素）划分为两种类型：旅游氛围情境（Tourist Situations of Atmosphere）和旅游行为情境（Tourist Situations of Behavior）。旅游氛围情境是一种概念性情境，它对行为者的心理影响主要以弥漫性的渗透为主，属于旅游者主观情境层次，这种主观情境主要是由旅游者的旅游需要、旅游动机、旅游期望这些先在情感心理因素的作用引起的，是一种心理映射或投射，或者是一种“移情”。在旅游过程中所发生的旅游行为都笼罩在这个情境中，其特征在很大程度上会影响旅游体验的方式、方向和力度。旅游行为情境则是由串联在旅游过程中的各节点，以其对具体旅游行为的规定和引导作用而构成的旅游情境。旅游行为情境的特征取决于旅游线路上各旅游目的地及其景观的自然文化特征，这些特征虽然要依靠旅游者进行主观的识别和意识的融入，但基本上取决于客观的存在，而不是像旅游氛围情境那样主要是旅游者需要的主观映照或反射。

魏小安（2004）从旅游规划的角度，结合我国的现状，对情景规划与旅游体验设计进行了探讨。他认为，情景就是“情”与“景”的联合，情是主体，景是客体，一是以情入景，二是情因景生，三是触景生情，最终达到情景交融的境界。体验设计应以消费者的参与为前提，以消费体验为核心，最终使消费者在活动中感受到美好的体验。

余建辉、张健华（2007）在对自然旅游景区游客体验管理进行的研究中，指出游客在自然旅游景区的消费过程其实就是一种体验过程。游客在自然旅游景区获得的旅游体验质量的高低，除了取决于自然景观资源本身的质量，还与景区的游客旅游体验管理水平密切相关。李森（2005）则对旅游群体的规模与旅游体验质量的关系进行了实证研究。他将游客与周围环境互动的焦点集中在了旅游者之间的互动上，认为旅游者之间对于旅游体验质量的影响应分别从遭遇群体（或称邂逅群体）和同游者群体两个方面进行考虑。一方面，旅游过程中不可避免会遇到其他旅游者群体，来自四面八方的旅游者在某一特定时空下共享着同一旅游产品。而遇到的旅游者群体数量与旅游者感知容量之间势必存在着直接的联系，并对旅游体验质量产生间接影响。另一方面，旅游者个体与所在群体的其他成员之间存在着更为密切的联系。同一群体旅游者之间的互动，贯穿旅游过程中的每个环节，因此在诸多方面影响着旅游体验的质量。李森还通过实证分析，研究了不同群体以及不同群体规模的旅游体验质量问题。

二、旅游的本质是体验

以 Driver 和 Brown 为代表的北美体验派（Experience - based Management）较早认识到旅游体验才是旅游休闲管理的最终产品。这个学派指出旅游开发规划的核心是为游客设计独特的旅游体验。戴维逊（1996）曾提出："旅游是一种经历或过程，不是一种产品，且这种经历又是特殊的。"旅游的根本目的在于寻求愉悦体验，这是旅游本质的规定性，是所有旅游都具备的统一内核。

旅游体验是一种内容丰富的体验，既有精神享受，也有物质享受；既有依附于事物表面的观察，也有沉湎于理性世界的深思。旅游体验的复杂性表现在旅游体验的过程中，实际上涉及旅游者对旅游对象所表现的不同层次意义的把握（堪莉，2003）。就旅游个体而言，获取旅游体验是旅游活动的主体内容，其满意程度决定了旅游的质量感知水平；而就旅游总体而言，每个旅游者旅游体验的内容、时空特点和结构特征，是旅游行业规划和管理的基本依据（谢彦君，2004）。因而对于旅游体验的研究，事实上构成了旅游研究的核心内容。

龙江智（2005）认为，从旅游的本质来看，它是个人以旅游场作为剧场所进行的一种短暂休闲体验活动。这种体验活动缘于个人各种心理欲求（或心理失衡），受旅游动机和旅游场双重驱动，并随着旅游者启程而展开，以旅游者返回居住地为终点。整个过程以体验为核心，大致分为三个阶段：旅游体验的产生和旅游期望的形成阶段；旅游体验的进行时阶段；旅游体验质量评价和旅游体验影响阶段。当然，这三个阶段并非截然分开，而是存在一定的交错现象。各种旅游形式具有的共同属性便是它们都是人们寻求心理满足的一种体验形式。旅游行为之所以发生，就是潜在旅游者存在心理失衡。各种旅游形式的体验活动正是为了满足旅游者的心理欲望，调整其心理状态。谢彦君此前指出“促使旅游行为的发生的关键因素是旅游者的心态（很大程度上是在知识的基础上逐渐形成的一种欲望）与现实经验之间的差异”。各种不同的旅游体验形式，对应着各种不同的心理欲望（或心理失衡），如图 5 - 8 所示。

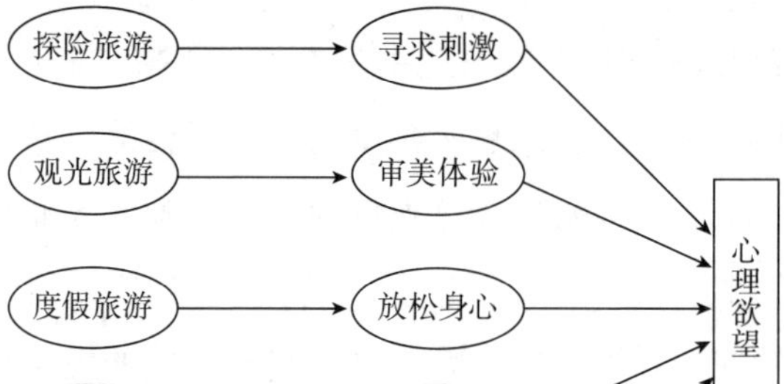

图 5 - 8　主要旅游体验形式与心理欲望的对应关系

黄鹂（2004）就曾根据旅游者融入程度的差异，将目前我国旅游体验分为表层体验、中度体验、深度体验三种。表层体验是我国景区开发初期普遍采用的体验方式，主要包括以观光为主的传统包价旅游。这种旅游中游客只是走马观花地参观，很少接触目的地居民及当地的民俗文化，游客往往只是被动的接受者，难以获得独特而深刻的旅游体验。而游客通过直接参与特色活动，并从视觉、触觉、味觉等多方面对景区的特色及目的地居民生活方式的体验则属于中度体验。游客不仅能从身体上、精神上与旅游吸引物和当地居民有一定程度的接触和交流，而且能创造出自己独特的感受和体验。这种体验方式较前者更为深入和全面，代表着游客消费心理的成熟，以及期望近距离、多方式接触旅游吸引物的心理诉求。深度体验则是指游客完全融入旅游产品中，与旅游目的地和当地居民进行零距离的接触，通过“完全融入旅游吸引物”来深刻地体验当地的特色文化。例如，在丽江纳西古城亲身体验当地特有的纳西族文化和古城遗韵，并实现人与自然、人与人、人与心灵和谐相处的意境，属于“以身体之，以心验之”的深度体验范畴。

通过前文对相关文献的梳理，可以得出结论：从本质上看，旅游就是一种异地体验过程，而这种体验是旅游主体（旅游者）与客体（旅游吸引物、设施、服务、周围环境）角色互动、相互作用的产物，是受旅游者主观心理因素（旅游氛围情境因素）和目的地客观的特征环境（旅游行为情境因素）双重制约或双向影响的。

与此同时，笔者认为，既然旅游体验是这两个因素共同作用的产物，那么就有一个作用程度的问题，即旅游者在多大程度上融入旅游环境中并产生心理上对环境的认同感。同时，客观的旅游环境与氛围又在多大程度上对旅游者的主观世界产生着渗透与浸润？对该问题的回答就是一个对旅游者融入氛围度的衡量过程。旅游者能否真正融入旅游环境氛围中去从而感受到发自内心的愉悦，这将会反映在旅游体验的深入程度上，并最终影响甚至决定着旅游体验的质量。由此可见，在对游客体验的整体概念体系进行考察时还应充分考虑旅游者对旅游整体环境的融入程度这一因素。

三、基于游客体验的文化旅游资源活化

体验是旅游产品的本质属性。体验本身就是一种经济产出和价值来源，当它融入旅游体验产品中后，就与其他构成因素一起提升了旅游产品的价值，从而使旅游产品更多地表现为多种价值的综合和叠加。旅游体验产品就是让旅游者在差异化体验和活动参与中追求身心享受和愉悦，获得难以忘怀的经历和回忆。当今旅游者日渐成熟，他们不再消极地扮演传统的消费者角色，而是价值的共同创造者和消费者；也不再只扮演观众角色，有时会登台舞台表演。个性化、参与性旅游项目是旅游者表现自我，获得成就感的一种重要方式。在相互接触和相互作用的消费过程中，旅游者会感受到强烈的情感，并随着时间推移而难以忘怀。参与使旅游者达到与对象物的心灵相通，是心灵的参与，不游离于外。游客只有在进行交互表演的时候，才会对自己的某一部分有更深层次的理解。在自给自足的经济社会里，人们习惯于自己制作各种所需的东西，并从中获得乐趣，这种心理直到今天依然存在于许多人的内心深处。这是一种非常普遍的心理现象，称为“木工情结”。国外有些旅游景点，向游客提供半成品，游客可以根据兴趣爱好来进行再加工，很好地满足了人们的这种“木工情结”心理需求。

体验经济本身是一种开放式、互动性的经济，体验设计的终极目标之一便是人的自主性。只有在体验经济时代下，人们的需求才是高度的人性化，甚至是单独的、纯个人的精神层面。德国思想家席勒在《审美教育书简》中有个著名论断：“只有当人是完全意义上的人，他才游戏，只有当人游戏时，他才完全是人。”在体验经济时代，娱乐性、游戏化正是人们本性回归的体现，是人们日益追求一种休闲的、愉悦的生活方式。娱乐不仅是一种最古老的体验，而且在当今时代是一种更高级的、最普遍的体验。娱乐，是21世纪的特征；娱乐，是21世纪人的真正渴求。而娱乐必须通过参与来完成，通过互动来体现。传统文化旅游资源的优势在于深厚的历史文化，可如果这种文化以严肃、古板的形式表现出来的话，多数旅游者无法解读，只能望“文”兴叹。因此，文旅产业的创新发展和活化应

逐步从传统的“景静人动”的观光型消极参与过渡到“景动人静”的节目表演型被动参与，最后过渡到“景动人动”的大型节庆与互动参与和娱乐活动。用产品显著的娱乐性、强烈的参与性、适宜的互动性创造出令旅游者满意的娱乐体验。

第六章　数智赋能陕西文化遗产旅游实证研究

第一节　陕西文化遗产旅游地智慧化应用概况

陕西作为“丝绸之路经济带”新起点、新欧亚大陆桥的重要枢纽，既是我国向西开放的前沿门户，也是构建新发展格局和实施国家高质量发展战略的重要力量。陕西省第十四次党代会报告中明确指出“文化底蕴深厚是陕西的鲜明特色”，提出“推动文化事业和文化产业蓬勃发展，大力发展文化产业，深入推进文旅融合，认真实施国家文化数字化战略”这一奋斗目标与具体要求。

目前陕西省正朝着第二个百年奋斗目标不断奋进，陕西省文化产业也正处于战略关键期和机遇期，5G、大数据、云计算、人工智能等新技术、新模式不断涌现，同时“双碳”目标稳步推进，绿色生产生活方式加快形成。陕西抓住“一带一路”机遇，依托秦创原创新驱动平台，推进“数字丝绸之路”建设。2023 年 9 月，“文化数字丝绸之路”平台正式开通，建立起数字化“陕西非物质文化遗产数据库”，通过数字技术赋能盘活地方特色文化资源，通过文旅产业数字化转型有效推动产业经济高质量发展。

陕西省旅游业目前发展态势良好，量质齐升。旅游在稳增长、调结构、促就业、惠民生中的积极作用日益显著。同时，陕西省旅游产业运行监测与应急指挥四级体系初步形成。投资 1900 万元的省旅游产业运行监测与应急指挥中心通过一期、二期建设，实现了旅游全行业覆盖、全要素采集、全产业监测和全数据展示，为游客、企业、政府提供更好的服务。全省汉中、黄陵、华清宫等众多市、县、景区平台也已经建成，初步形成了全省四级旅游产业运行监测与应急指挥体系。新改版的陕西旅游网中，包括智游陕西 App 和小程序，为游客提供丰富便捷的旅游资讯、电子门票、游客评价、游客投诉等服务，通过对接“一机游三秦”公共服务平台，实现全省 170 家景区线上购票、线下扫码入园，基本实现了“一网知陕西、一机游三秦”陕西智慧旅游目标。据了解，陕西省、市两级智慧旅游平台建设稳步推进，完成了全部 5A、4A 级景区数据的接入，4A 级以上景区游客聚集区全部实现 Wi－Fi 覆盖，铜川、韩城、华阴、柞水、黄陵等 10 多个市县旅游大数据及智能闸机系统建成运营，旅游服务更加智慧、更加便捷。

相关数据显示，截至 2024 年初，陕西省共有 5A 级旅游景区 13 家，4A 级旅游景区 145 家，92% 的景区建设有官方门户网站，70% 的景区门户网站对游客开放在线订票功能，42% 的景区配备虚拟旅游技术，75% 的景区已普及电子导游机。通过对部分 5A、4A 级文化遗产景区的智慧化应用情况进行调查了解，得出以下信息（见表 6－1）。

表 6－1　陕西部分代表性景区智慧化应用情况

景点名称	景点等级	目前的智慧化应用
秦始皇帝陵博物院	5A	秦始皇帝陵博物院与腾讯联合开发“寻迹始皇陵”智慧导览系统。双方就“互联网＋中华文明”的秦文化传播项目达成合作，以微信平台为载体，实现了导游预约和在线语音画册的功能。通过“你好，兵马俑”数字艺术展，将人工智能技术与传统文化相结合；同时，还推出了“秦朝的你”“千里驰援”等小程序互动游戏，提高游客与兵马俑的互动，打造了生动有趣的游览体验。秦始皇帝陵博物院以“数字文博智游秦陵”为主题，持续用互联网技术提供多样化的文化服务与观览体验，让公众从另一个角度认识这座古老的遗址。腾讯和秦始皇帝陵博物院携手打造的“寻迹始皇陵”智慧导览小程序正式上线，通过基于地理数据的各项智慧服务，为秦陵游客提供博物院概况、手绘地图、馆内导览、语音讲解、景区推荐路线、设施查找，以及 VR 全景等智慧游览服务。例如秦始皇帝陵博物院与腾讯合作打造了秦始皇帝陵“互联网＋智慧服务”平台，同时开发了 Ray Data 大数据可视化项目，实现了秦始皇帝陵博物院大数据综合管理与服务

续表

景点名称	景点等级	目前的智慧化应用
大明宫国家遗址公园	5A	大明宫国家遗址公园的“互联网+旅游模式”主要分为线上购票，自媒体优化，自助导览，Wi-Fi全覆盖以及3D虚拟景区体验，并利用“大数据检测+智慧化”管理模式，对遗址区域进行修复和维护，引入24小时夜视影像、三维激光扫描、无人机遗址巡查等手段
华清宫文化旅游景区	5A	华清宫文化旅游景区智慧导览系统以微信小程序为服务平台，将景区内40余处景点进行整合，极大地方便了游客搜索、寻路。全面支持票务预订、智能讲解、线路推荐、景区导览等功能，展示华清宫文化旅游景区多样活动、及时有效的信息更新，内容表现形式多样，利用移动互联网、大数据等信息技术，为游客朋友提供一个华清宫全方位旅游服务指南。将景区综合展示管理、地理信息管理、景区运行监测、景区统计分析、网络舆情分析等实时信息显示到大屏上。并将统计及分析的相关数据实时发布至综合管理手机客户端，方便管理层进行决策
西安大雁塔·大唐芙蓉园景区	5A	大唐芙蓉园巧妙地将唐风古韵的文景艺术融合于当下大数据云计算技术，不断创新景区服务模式，优化旅游服务体验，为提升游客游览便利指数，推广了满足游客能量补给的“唐+”智慧便利店。“唐+”智慧便利店采用国内领先的智能系统，包含后台业务管理系统、手机App店务管理、会员系统、微信公众号、客服系统、视频监控系统、自助购物结账系统、门禁系统、语音系统、电子价签十大功能模块，可支持无人便利店的正常运转，同时满足顾客的新型购物体验。并在园区各个主要路口增加了智慧咨询亭，为旅客提供园区的游览信息，具有一键语音功能，可以让失散的旅客快速联系景区工作人员
西安城墙·碑林历史文化景区	5A	为了更好地管理城墙，西安城墙景区成立了西安城墙管委会信息中心，加强安保设施和文物管理、大数据分析、景区温度及$PM_{2.5}$的监测、日常设施检测、绿化、物业管理，等等。采用人脸识别和客流统计，增加设备运维系统
法门寺文化景区	5A	法门寺文化景区为打造智慧旅游系统，采用网络购票、二维码检票，通过强大的光纤网络让旅客掌握景区的各类信息，提供虚拟景区服务以及电子导览系统

续表

景点名称	景点等级	目前的智慧化应用
黄帝陵景区	5A	黄帝陵景区智慧化应用方面利用大数据在监控中心、指挥中心、服务中心中的运用，在景区官网门户、微信公众号、景区商城、微服务、景区分销系统、售检票系统、消费系统等智慧营销工作以及智慧服务中停车场管理系统、无线 Wi－Fi 认证系统、自动定位系统和电子导览、AR 导览和智慧景区综合业务管理系统等方面得到创新并落实做到优化
延安革命纪念地景区	5A	在大众旅游时代背景下红色旅游发展所面临的多方面的考验和挑战，延安革命纪念馆加快智慧旅游升级，采用了丝路智慧景区售检票管理系统，采用人票合一技术的检票闸机。改变了延安革命纪念馆传统的窗口买票、人工检票的方式，提升了景区的游览体验。游客持二代身份证或门票直接快速地进入景区，缩减排队购票、检票时间，疏散高峰时段客流，缓解现场管理压力
陕西历史博物馆	4A	2018 年，陕西历史博物馆（以下简称“陕历博”）与深圳市计算机系统有限公司签署战略合作协议，正式开启在智慧博物馆领域的“互联网＋”合作。通过腾讯全平台资源整合，服务陕历博文物活化，有效提升文物展馆的观众体验，积极提高文物展馆的科技化水平，打造一系列有影响、有传播力的合作项目。腾讯公司将全面支持陕历博品牌形象传播推广，双方共建的陕历博“无现金”馆合作项目正在加紧落地，未来将实现全馆移动支付，同步借助腾讯人脸识别技术，实现游客“刷脸”入馆。未来，腾讯公司将在文物识别、文物修复、数字科技馆、智慧游园、文物 IP 打造与传播等多方面，与陕历博进行多方位共建合作。2020 年，陕西移动与陕历博在 5G 领域达成合作，陕西移动基于“移动云”的“互联网＋票务系统”，为陕历博量身定制，提供了一整套信息化解决方案，实现线下预约、网站预约、微信小程序预约、自助取票、人工手持检票、闸机检票全流程设计，为博物馆检票系统的日常管理、数据交互、数据统计、分析决策等方面提供了强有力的支持。自 2019 年 3 月正式上线以来，该项目已经服务游客超过 290 万人次，景区入口人员聚集、排队长龙的问题得到了彻底解决，省文物局、雁塔区主要领导、地方治安管理部门对此给予了认可。下一步，双方将围绕打造 5G＋智慧博物馆、5G＋云上博物馆、5G＋文化传播等方面进一步加深合作

续表

景点名称	景点等级	目前的智慧化应用
西安大唐西市文化景区	4A	西安大唐西市文化景区推出大唐西市丝路文旅小镇，在大唐西市丝路文旅小镇，多板块一体化 App 服务平台系统、全域虚拟系统、旅游大数据系统和热力动线图的建立，实现了小镇对旅游资源、旅游环境、基础设施、游客行为等更加精准高效的管理

资料来源：陕西省工商联搜狐号、秦始皇帝陵博物院公众号等景区公众号。

第二节　陕西文化遗产旅游智慧化应用 SWOT 分析

一、优势（Strengths）

（一）具有客源优势和资源优势

2019 年，陕西实现旅游总收入 7211 亿元，接待国内外游客总人数 70700 万人次，几乎是 2015 年的 1 倍。近年来，陕西每年游客人数增长速度都在 10% 以上。陕西省的文化旅游资源丰富，包括各类珍藏的文物、剪纸、泥塑等和特殊的民俗艺术、极具宗教文化的古建筑。“互联网 +”的概念和文旅融合的概念近几年被频繁提及并深入人心，但总体都还处在摸索建设的状态，谁先抓住“互联网 +”和文旅融合的内涵，优先建设出完善的体系，谁就将成为下一个旅游市场发展阶段的引领者。

（二）政府筹措资金且大力支持

2021 年，陕西省财政厅多方筹措资金 13 亿元，支持该省文化遗产保护利用，传承弘扬中华优秀传统文化。资金主要用于支持西安碑林博物馆、秦始皇帝陵博物院等建设和提升；支持开展革命文物集中连片保护利用和延安革命旧址群保护工程；支持黄河文化遗产保护，支持黄河流域的长城遗址、咸阳古渡遗址等保护修缮，支持陕北民歌、安塞腰鼓、华阴老腔等非遗的保护传承，支持国家级陕北文化生态保护实验区建设，讲好

"黄河故事"；支持文物考古及大遗址保护，开展石峁遗址、太平遗址、镐京遗址、江村大墓等考古发掘和保护，实施大明宫含元殿遗址、乾陵司马道、平陵等40余项修缮展示项目；支持博物馆、纪念馆免费开放。2021年,陕西省财政投入近3亿元，支持全省200余家博物馆、纪念馆、革命旧址、爱国主义教育基地免费向社会开放，举办各类陈列展览500余个，开展系列教育活动400余场，免费参观人数超过2000万人次，线上展览观展人数达数亿人次；支持开展对外文化交流互鉴，积极参与亚洲文化遗产保护行动，承办"在希腊遇见兵马俑"数字展览，支持建设"中亚丝绸之路考古合作研究中心"等。

（三）智慧旅游平台建设入选2021年开发性金融支持文旅重点项目

"陕西省智慧旅游平台建设项目"经过层层审批，从陕西省数百个申报项目中脱颖而出，入选文化和旅游部、国家开发银行联合征集的2021年开发性金融支持文旅领域重点项目，是陕西省唯一入选的数字文旅项目。

（四）依托5G技术，拥有强有力的科技企业

作为陕西文化产业投资控股集团子公司，云创科技先后打造了以"游陕西"为矩阵中心的数字文旅产品体系，包含"游陕西""一机游三秦""陕西文化旅游网""景小宝""惠旅云"等互联网智旅产品，已初步建成陕西省数字文旅产品营销服务生态链。通过整合全省文旅行业的景区资源、营销渠道和其他消费产品等业务，将陕西省涉旅的吃、住、行、游、购、娱信息全部纳入平台，统一进行服务输出，真正实现"一机游（买）陕西"。目前"游陕西"矩阵已经深度服务景区近150个，服务游客600万人次，累计下载量突破200万次，在全国文旅行业类App中名列前茅。

二、劣势（Weaknesses）

（一）大部分旅游活动仍停留在初级阶段

面对"互联网+"概念和智慧旅游概念的广泛传播，许多城市都在运用信息技术建设文化旅游产业。陕西省大部分旅游活动还停留在比较初级

的阶段，即观光、游览等，利用互联网手段较少。要想促进自身文化和旅游产业的发展，必须构建产业的独特性，借助客源优势和资源优势，运用互联网技术创新开发文化旅游差异化产品。

（二）旅游产品缺少创新性和多样化，缺乏发散性思维

陕西推出的大部分旅游产品多与文物相关，近年来没有多大改变，模式稍陈旧，对游客的吸引力有所减弱，导致观光型旅游产品多，休闲类旅游产品少。北京这两年依托历史文化推出故宫文创、故宫的猫等旅游产品，能把控住游客的吸引力，以此带动文化旅游。相较于北京，陕西的文化遗产资源虽然丰富，但是进行产品创造时缺少发散性思维，就会间接导致游客参与性、体验性较差，满意度不高。

（三）文化遗产知识传播方式缺少互动体验

文化遗产旅游地来访旅客所作的旅前攻略主要偏向于吃、住、行，大部分游客知识信息量储备较少，对文化遗产地的了解认知仅停留在表面。抵达目的地后，团队游客主要依靠讲解和文字表述获得文化信息，散客成员中大部分人只是通过游览的单一方式进行旅游活动，整体过程缺少互动性体验，仅凭短暂的记忆，团队旅客和散客都无法将旅游地的相关文化知识有效地实质性输入，因此在旅程结束后游客的真实收获与旅前的内心憧憬难免存有偏差。当游客的精神层面体验感较差时，便无法与旅游地文化产生共鸣，一定程度上会造成景点在游客心中的文化地位与景点的文化等级级别不符的现象。

三、机会（Opportunities）

（一）牢牢把握好政策支持

在“十四五”规划中国家提出了智慧旅游的相关发展方向及目标，政策中对如何实现“互联网+旅游”“创新旅游产品结构”“丰富旅游消费体验”的目标提出了切实可行的发展规划，鼓励将智慧化应用推广给大众，使消费者内心形成智慧化旅游及智慧消费的观念，打造群众身边的消

费网点，使得消费者更加便捷地感受到智慧化旅游。此外，国家为缓解疫情对旅游业的打击，鼓励其他方面对旅游行业的扶持，其中包括财务税收、投资融资、政府监管、市场监督等多个层面，加大了政府支持的力度，解决了部分旅游企业部门资金周转不灵的问题。所以陕西文化遗产景区相关企业应牢牢把握住国家政策的扶持政策，大力发展智慧旅游新经济。

（二）科学技术的迅猛发展加快智慧旅游的进程

5G新一代宽带移动通信技术，是较4G速度更快、覆盖面更广的新型通信技术。这一新型的通信技术将渗透到旅游行业各层面，成为支撑旅游业向智慧化转型的重要新型基础建设。陕西各类景区、度假区要抓住科学技术发展趋势，顺应发展潮流。加快提升5G网络覆盖水平，推动游客服务中心、景区门票系统等方面的建设。

（三）消费者需求量大

陕西是西部旅游行业的“领头羊”，旅游资源极其丰富，客源市场辐射面较广，所以他省消费者对于陕西旅游的需求量大，即使是疫情期间陕西的游客接待量依旧位居前列。陕西文化旅游部门应该抓住这一机会，大力发展文化遗产智慧旅游，提升旅游过程中各个服务阶段的信息化、智慧化水准。即使是疫情期间也做到能满足游客们的需求，加速开发旅游网点的基础建设。运用高端的网络技术来提升旅游产品的质量，为省内外游客提供便捷的智慧化旅游服务，增强游客的体验感和满足感。

四、威胁（Threats）

（一）行业竞争压力

旅游作为我国经济发展的第三产业，投资小见效快。又因为人民生活水平的提高，大家对旅游充满了憧憬。各省份对旅游行业热情高涨，大力开发旅游资源导致了旅游行业竞争越发激烈，旅游发展成本提高，投资风险成本提高。“互联网+旅游”更是成为各个省份旅游行业新的发展方向和道路。这就使得陕西智慧旅游的核心竞争力大大降低。

（二）市场竞争压力

陕西周边的一些中西部省份，所处的区位条件与陕西相似，客源市场与陕西重叠度高，旅游客源市场定位大致相似，这对陕西省的旅游行业构成了很大的威胁。同时，我国其他城市（如北京、南京、洛阳、西安）都有以历史朝代为特色的人文历史资源，资源具有一定的相似性，这又成为陕西旅游市场竞争中的威胁。因此陕西省如何将“互联网+旅游”融合得更好，如何更加迅速地将旅游产品智慧化，形成旅游大数据，突出特色，形成竞争力是陕西旅游所面临的重大挑战。

第三节　陕西文化遗产旅游实证研究

一、文化遗产价值活化研究理论基础

（一）文化遗产价值“真实性”与“完整性”二元原则的异步性

国内外对文化遗产保护与利用的研究已有较为深厚的积累，对“真实性与完整性”原则和遗产活化的理解也愈加趋向多元化，尽管《行动指南》明确指出在遗产地保护和可持续发展中要联合运用“真实性”及“完整性”原则，然而在实践中，对于二元原则的理解和运用都需要进一步明确认识。

“真实性”的概念，作为一个引起广泛关注的研究课题，吸引了跨学科、多角度的研究：从考古及文物研究到旅游研究领域；从人类学角度到哲学角度的思辨；从针对旅游者真实性体验的社会心理学研究到针对“真实性”过程的社会政治学研究（Cohen and Cohen，2012）。与此相反，“完整性”这一议题则往往被局限于遗产保护领域，更准确地说是自然遗产地的保护。这种对于二元原则认识上的不平衡主要表现在以下几个方面。

首先，这两个概念的界定和理解始终存在着异议，对于文化遗产“真

实性与完整性”原则的研究存在一定程度上的异步性：一方面，“真实性”吸引了跨学科、多角度的研究，而“完整性”则更多地停留在自然类遗产的保护领域，对于文化遗产而言，人们往往强调其历史“真实性”，对于其“完整性”则相应缺乏足够的关注与重视，至于对遗产旅游者“感知完整”的研究则更是鲜见，这对于文化遗产保护与利用研究的进一步深化，无疑构成一种限制和阻碍；另一方面，这两个概念的界定和理解始终存在着异议，中西方文化的差别也导致对“真实性”存在理解上的差异（王会战、李树民，2014）。这种对二元原则不同程度的理解和异步研究，不利于对遗产地文化价值的全面和深入理解。

其次，二者之间相互依存、互为因果的辩证关系往往被忽视。很多旅游行业的从业者和学者，将“完整性”与“真实性”分别视为两个各自独立的概念，对于二者的区别加以明确分辨，但对于二者之间如何相互联系、共同作用于不同文化背景下的内在关系与机制则鲜有提及。

最后，对二元原则在文化遗产活化中的应用鲜有提及。二元原则易被片面理解为遗产保护原则，而往往忽视其在遗产旅游开发与管理、遗产文化解读及有效传承方面的重要作用。对于真实性和完整性原则作用于文化遗产旅游者主观体验、促进文化遗产的文化发掘和价值活化的内在机制，尚待进一步充分阐述。

（二）二元原则的辩证关系

如果进一步揭示“真实性”与“完整性”的内在本质与适用范围，会得到一个对于这两个概念间辩证统一关系更为全面的认识。Pocock（2006）曾指出：遗产地旅游和遗产地保护应当构筑起一个更加全面的文化和历史体验。而这种“真实”的旅游者体验，应当包括基于遗产地文脉之上的种种变化、流动性与创新，而不是单纯地将“真实”理解为一种绝对静止的、一成不变的状态。Pocock这一观点在遗产地保护和文化遗产旅游领域都引起广泛的关注和讨论，更重要的是，引发了人们对于二元原则内在本质上统一性的深入思考。这种内在共同点即为：无论是“真实性”还是“完整性”，都从不同角度衡量着遗产地价值的“全面展现”（Completeness）。

很多历史学家和古建筑保护专家曾一再强调“真实性”从其本质可理解为文化价值的“全面展现”，Jokilehto（1994）曾指出遗产地有形和无形的元素应当互为补充。许多遗产地包含有多层次的文化含义，因为它们在一个相当长的时期内逐渐形成，并在不同的历史时期由不同的社会群体影响和作用产生出相应的变化（Alberts and Hazen，2010）。因此，相较于将“真实”单纯定义为一个静止的、原始的、严格限定时间范围的概念，将其视为一个随着历史变化而不断动态发展着的概念，才能够更好地反映出文化遗产实际的历史与社会文化变迁（Labadi and Long，2010）。因此，遗产地的真实与否应当放在一个更加广阔的文化背景中来考量，这种文化背景即遗产地人与物所根植的文脉（Jamal and Hill，2004）。然而，这一观点在旅游研究中未得到相应的重视，尤其在文化遗产地旅游中，“真实性”概念更加复杂，不同的文化背景下，对于不同的文化受众而言，“真实”的含义也不同（Knox，2008）。Hagen（2005）曾援引了德国罗腾堡古城（the Town of Rothenburg）的例子。即使该古城曾经为达到“视觉上的真实感”而大规模重建过，罗腾堡依然被当地的游客和旅游经营者视为一座原汁原味的中世纪古城。真实性不仅仅是强调有形实物的原真性，更包含了多种多样的视角、评判依据、先入为主的印象以及地域性和社会政治影响（Yang and Wall，2009）。这一观点与 Tayler 的观点不谋而合。Tayler（2001）认为理解真实性概念的基础即在于全面认识主观与客观、彼处与此地、过去与现在，以及传统（原始）与现代间辩证统一的相互关系。这种历史（包括史前）同现代之间文化的“延续性”应当被完好地、合理地保存、强化以及展现。

由此可见，“真实性”对于文化价值的“全面展现”原则，与“完整性”从本质上达到了内在的一致性。Jokilehto（2006）将“完整性”定义为遗产地的各项特征能够在多大程度上完整、全面、安全地体现其文化价值，并能否充分考虑到遗产地过去及现在所依托的文脉。历史文化遗产的文脉，长久以来都被认为是一个用以评价文化遗产和历史遗迹价值的不可或缺的要素。因此，“完整性”不仅展现出了不同种文化的多元性，还使人们能够追本溯源，了解到不同文化分别是何时、何地以及如何形成的，熟悉这些文化所根植的土壤和发展出来的脉络，以及不同文化间复杂交错的相互关系。换而言之，“完整性”原则强调着这种文化的“延续”与传承，而正是这种“文化延续性”（Culture Continuity）如纽带一般将遗产地的过去和现在紧密联系到了一起，无论古代还是当代、有形还是无形的要素和属性，都属于这种文化延续性的一部分，需要人们从不同角度（如地理学、心理学、社会政治学等）对其加以综合的考量（Alberts and Hazen，2010；Jokilehto，2006）。

由此可见，“真实性”与“完整性”这两个概念实际上是互通的一对镜像概念。二者都强调并突出了遗产地的文化延续性，即从其特有的文化根源衍生出来的历史、遗迹和共同的价值观（Tasci and Knutson，2004）。Stovel（2007）将这一观点进一步解释为：“真实性”与“完整性”二者之间的辩证关系可以用一些亚元素来进行更深入的说明，即全面性、完好程度、遗产的特征属性、空间与形态的真实程度及其功能的延续性等。Alberts 和 Hazen（2010）则强调了这一观点的重要性在于，在“真实性”与“完整性”这两个概念之间达到了一种平衡，而平衡点就在于两个重要因素：遗产地价值的“全面展示”及其“文化延续性”。

因此，具体来说，“真实性”与“完整性”的辩证关系表现在以下三个方面：

首先，“真实性”究其实质而言，和“完整性”就是相互呼应的，它同样暗含了遗产地身份与价值的“全面”和“完整”，以及串联起遗产地时间和空间要素的文化“延续性”。

其次，“完整性”本身要求的“完好无损”，并不单单针对有形实体或客观对象，也应同时包括主观的旅游者体验，尤其从后现代旅游观来看，旅游者的主观感受和个人经历体验是极其重要的。

最后，尽管“真实性”与“完整性”经常被人们视为两个独立的原则，分别从两个方面去衡量遗产地的种种属性，但实际上，二者是相互交融、辩证统一的镜像元素，正如同一枚硬币的两个面，它们在旅游地的保护和发展实践中，共同作用于旅游者的印象并最终影响人们形成了对遗产地的综合感知与体验。

二、理论整合与模型构建

在文化遗产的主客观世界中，包含了物（文化遗产核心吸引物）、场（能量场、资源场、文化场）、人（游客、当地社区居民、社会公众）三个维度，存在着物、场、人三者之间循环不息、动态平衡的交互机制，可以通过抽象化的模型加以说明。

如图6－1所示，旅游标的物及其周围环境构成了旅游客观世界，这种客观世界作用于并影响着旅游者的主观世界，并最终反映在旅游者的个性化体验中。如果“真实性”可被解读为客观性真实、建构性真实和存在性真实（Wang，1999），那真实性体验的构筑应既包括基于客观对象的真实，也包括基于主观体验的真实。对于文化和遗产旅游来说，不仅其核心旅游吸引物及外围背景迥异，旅游者对其的感知也各不相同（田彩云、裴正兵，2021）。然而，总是有千丝万缕的联系将客观世界与主观世界紧紧联系起来。在遗产地旅游中，文化遗产作为旅游客体，深深植根于其所处的文化背景（文脉）中，而文脉又同旅游吸引物相呼应，形成目的地独特的文化价值，给旅游者带来独特的体验。尽管旅游者的体验是主观的、因人而异的，但也是对客观世界的一种反映和投射。因而在主观世界和客观世界中、旅游标的物及其所依托的文脉环境间，不断进行着能量与信息的交换与沟通，形成了一个物、场、人三者动态变化、相互作用且交互影响的能量场，由此可搭建起文化遗产地“二元三维”价值体系，即FOE（Field－Object－Experience）概念化理论模型。

在这种不断发展变化和能量相互交换与沟通的过程中，遗产地的文化延续性（“真实性”与“完整性”价值）起着文化纽带和桥梁的作用，将历史（包括史前）同现代紧紧联系在一起（Taylor，2001），被游客和接待地居民所共同感知：对于接待地居民来说，他们需要保持一种专属于他们的“特有身份”，将他们与其他群体区别开来，从而获得相应的文化认同

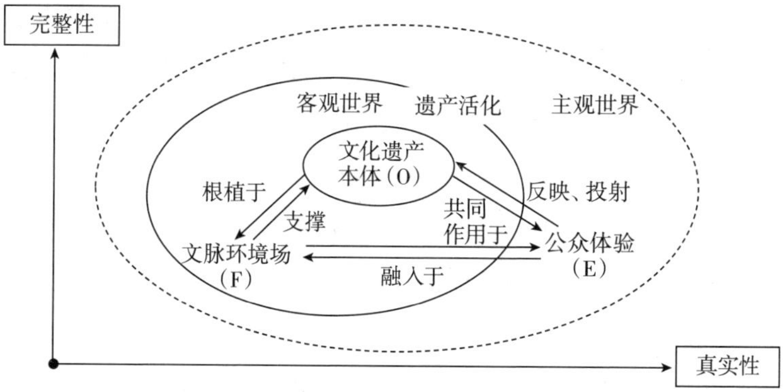

图 6－1　文化遗产旅游地“物—场—人”“二元三维”（FOE）概念化理论模型

注：O 代表“物”（Object），F 代表“场”（Field），E 代表“人”（人的主观体验）（Experience）。

感、集体回忆、群体情感联系和文化共通感，并保持着该社区群体文化的延续性和完整性（Gillis，1994；Tasci，2004）。接待地居民在旅游过程中只有保持这种文化真实性（完整性）特质，才能回答诸如“我是谁”这类认清自身本质的问题，才能抱着真诚和信念面对真实的自我及其所处的环境（Cooper，1983）；而对于旅游者来说，他们对遗产旅游地的综合印象和体验都是在遗产地真实性（完整性）价值的基础上形成的，甚至根据“存在真实”理论，大多数情况下旅游者会成为这种价值的决定性因素的一部分，因为旅游者不一定是只会被动接受的“局外人”，他们甚至可以充当遗产地和其环境之间文化交流与信息互通的一个积极的媒介。

为进一步说明真实性与完整性之间错综复杂和多维的相互关系，并将它们同遗产地旅游相联系，本书尝试提出一个概念化整合模型，探讨在文化遗产旅游规划和适度开发的过程中，“真实性”与“完整性”所包含的各个亚属要素及其相互之间的关系。这一概念化模型将“真实性”与“完整性”视为两个互补共生的维度，每个维度又可以细分为不同的亚类来表征遗产地旅游活动的不同方面与特性。

（一）“真实性”维度

“真实性”可以分为客观性真实（EO）、建构性真实（EC）和存在性真实（EE）三类（Wang，1999）。客观性真实和建构性真实都属于“基于客观对象的真实”，而存在性真实则更多的是基于体验的真实。这一理论划分很好地总结了关于“真实性”的理论研究，本书依然延续这种划分方法。然而应该注意的是，尽管该理论提出的三类真实性认识到了客观世界和主观世界的界限，却仍需要进一步将物、场、人三者加以充分权衡和考虑，尤其是在判断、评价一种旅游体验是否“真实”之前，对于文化延续性以及旅游标的物同其所处环境之间的复杂关系也应加以充分地了解。而这种“文化延续性”，又恰恰是需要同时借助“完整性”原则来一并考量，才可以被充分理解和认识。

因此，在本书的概念化模型中，“真实性”概念被放在一个更为广阔的视角中，细分为不同的组成元素，并尝试性地在文化遗产旅游中，构建起物、场、人三个关键性要素之间的平衡。

（二）“完整性”维度

要评价遗产地的完整程度，很重要的一点是要理解遗产的组成要素及其形成过程中所处的环境（Berg，1988）。正如上述所言，旅游是由包含旅游标的物及其所依托环境的客观世界和主观世界所组成的系统，涵盖了物、场、人三大关键要素，系统地在各要素之间不间断、持续地进行着信息和能量的交流与交换。因此，完整性作为一个最初用来衡量遗产保护的完整和完好程度的概念，不仅是针对旅游核心吸引物，更与吸引物所依托的文脉密不可分。

旅游标的物本身包括有形特质和无形特质，同理，其所依存的文脉也包含有形和无形两个方面。比如，遗产的有形特质可以具体表现为形态、层次布局、材质和装饰等，而无形特质可以是凝结在有形特质之上的宗教信仰、民间传说故事，等等。因而遗产的完整也应包含具体属性（功能、外观等）和抽象属性（象征、含义等），以及有形元素（建筑、景观等）和无形元素（气氛、感觉等）。

然而，一旦将主观世界纳入考虑范畴后，情况将变得更加错综复杂，“完整性”也应同真实性一样，涵盖了“基于客观对象”和“基于主观体验”两个层次，从直观可见的遗产结构完整性到看不见、摸不着的旅游者体验的完整性；探讨范围也从相对明显的客观世界跨入颇具神秘色彩的主观世界，并且应在有形和无形、抽象与具体的不同层面加以考量。

（三）二元原则的整合

通过对上述两个维度的梳理，得出二元原则的概念化整合模型。在该模型中，客观性真实（完整）被进一步解释为以下几个方面：

①旅游标的物的有形属性（OT）：原始形态，设计，材质及物理纹理；外观，内部装饰功能；有史可考的真实文物等遗存、遗迹（Bruner，1994）；史料记载的信息和数据等。

②旅游标的物的无形属性（OI）：历史事件和真相；宗教信仰；内在的艺术及审美价值。

③旅游标的物的具体化环境（FS）：遗产所坐落的独特位置；外围环境及景观；周围的建筑体；缓冲带。

④旅游标的物的概念化环境（FC）：当地传统和习俗；相关的故事、人物、民间传说和传奇；呼应性的文化要素。

结构性真实（完整）则可以通过以下几个方面来解读：

①旅游标的物的有形属性：历史性重建与复原；不同历史时期变迁过程的完整展示和再现。

②旅游标的物的无形属性：文化符号及象征；隐含的指示和信息；历史文化的内涵和意义解读。

③旅游标的物的具体化环境：空间结构及其分布；支持和解释性的配套设施及服务；“视廊”建设。

④旅游标的物的概念化环境：建构性的目的地形象；文化现象；文化一致性；社会政治和社会经济背景。

存在性真实（完整）或基于体验的真实（完整）则通过以下几个层次的元素反映出来：

①旅游标的物的有形属性：高参与性的活动和项目；历史仪式和场景表演；历史的再现（E. Cohen and S. A. Cohen，2012）。

②旅游标的物的无形属性：遗产文化价值的个人感知和主观评价；文化认同感和共鸣。

③旅游标的物的具体环境：游客和当地居民的交流与互动；对整体环境的融入程度；对遗产旅游地的总体情感和综合印象。

④旅游标的物的概念化环境：同遗产地及其文化背景间富有意义的接触（Jamal and Hill, 2004）；文化冲撞；主客观世界的“共睦态”（Turner, 1973）。

三、研究假设与实证检验

（一）研究假设

根据上述对 FOE 模型的分析，在文化遗产价值活化过程中，公众的遗产体验融入、浸润于遗产的文脉环境中，反映、投射着遗产的文化价值内核，因而笔者提出如下假设：

H1：文化遗产真实性与完整性价值活化质量正向影响公众对遗产文化的传承意愿。

在 FOE 概念化理论模型框架下，文化遗产真实性与完整性价值体系围绕物（文化遗产核心吸引物）、场（文脉环境）、人（主观体验）向“真实性”和“完整性”二元方向展开，遵循该理论框架逻辑，并在充分整合真实性、完整性与代表性相关理论的基础上（尤其是王宁关于“真实性”的经典理论），笔者尝试性搭建文化遗产“二元三维”价值体系的构成要素（见表 6 – 2）。在该体系中，“真实性”维度进一步拓展为客观性真实、建构性真实、存在性真实三个层面，而“完整性”维度则包含遗产本体核心吸引物及其文脉环境场两个层面。二者辩证统一、相互影响，共同作用于公众的遗产价值活化体验质量，进而影响公众对遗产文化的传承意愿，而公众对遗产文化的认同与传承意愿则直接决定了文化遗产的文脉基因能否有效传承。因此，可进一步推演拓展出以下假设：

H2a：遗产本体的客观真实性正向影响遗产活化体验质量；

H2b：遗产本体的客观真实性正向影响公众对遗产文化的传承意愿；

H3a：遗产环境场的客观真实性正向影响遗产活化体验质量；

H3b：遗产环境场的客观真实性正向影响公众对遗产文化的传承意愿；

H4a：遗产本体及其环境场的建构真实性正向影响遗产活化体验质量；

H4b：遗产本体及其环境场的建构真实性正向影响公众对遗产文化的传承意愿；

H5a：遗产本体及其环境场的存在真实性正向影响遗产活化体验质量；

H5b：遗产本体及其环境场的存在真实性正向影响公众对遗产文化的传承意愿；

基于以上研究假设汇总，提出研究的理论框架（见图6－2）。

表6－2　文化遗产“二元三维”价值体系构成要素

Authenticity 完整性 Integrity		基于对象的真实——主观体验（E）→基于体验的真实		
		客观性真实（EO）	建构性真实（EC）	存在性真实（EE）
核心吸引物（O）	**有形属性（OT）**	原始形态与结构 材质及纹理	历史性重建 与复原	高参与性历史仪式 和场景的再现
	无形属性（OI）	历史事件和真相 文化符号与信息	隐含的指示和象征意义内涵价值的解构	历史故事演绎遗产文化的线上、线下交互
文脉环境（F）	**具体化环境要素（FS）**	遗产所坐落的独特位置、外围环境及景观	支持和解释性的配套设施衍生产品及服务	同当地社区、居民间的交流与互动
	概念化环境要素（FC）	当地传统和习俗 民间传说和传奇等	目的地形象社会政治和社会经济背景	文化冲突与碰撞 情感氛围

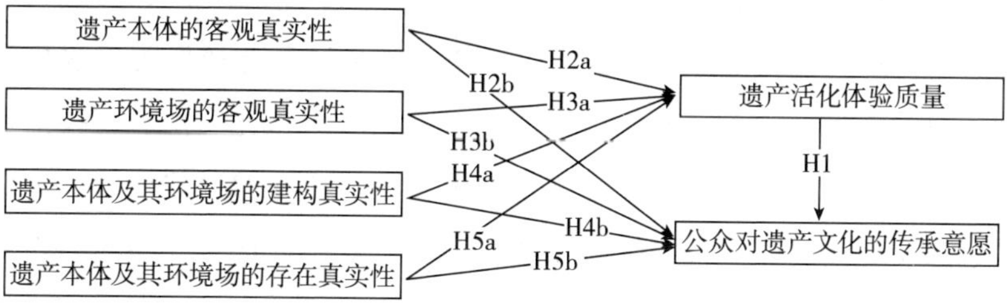

图6－2　研究假设综合图

（二）研究设计

本章选取陕西西安大明宫遗址、陕西咸阳彬州市大佛寺石窟、陕西汉中城固县张骞墓采集研究样本，主要基于以下原因：①案例具有典型代表性。2014 年 6 月，在卡塔尔多哈召开的联合国教科文组织第 38 届世界遗产委员会会议上，作为中国、哈萨克斯坦和吉尔吉斯斯坦三国联合申遗的“丝绸之路：长安—天山廊道的路网”中的遗址点，此三处遗产被成功列入《世界遗产名录》，是我国第一个跨国联合申遗项目，也是世界上第一段列入遗产名录的丝绸之路遗产，是文化遗产，尤其是线性遗产的典型代表。②案例具备多样性，覆盖不同种类、不同时期及不同发展阶段的遗产。大明宫遗址属于古代宫殿建筑遗址，彬州市大佛寺石窟是石窟艺术的典型代表，张骞墓是墓葬类遗产，三处遗产分别隶属不同的历史时期，呈现出文化遗产的多样性与差异性，遗产的知名度和活化程度亦存在较大差距，在一定程度上反映出我国遗产保护利用实践中的不同断层横截面。③案例具有文脉及地脉共性，陕西作为“一带一路”的重要节点，文物古迹丰富，文化积淀深厚，三处遗产共同承载和见证着丝绸之路从开通、发展到繁荣、鼎盛的历史时刻，身处同样的文化土壤与背景环境，符合多案例分析的复杂逻辑，能充分展开遗产物、场、人三者关系的验证衡量。

通过实地问卷调查与小规模访谈相结合的方式进行实地调研，调研分为两个阶段：第一阶段预调研，针对参观游览者（包括散客、团体游览者和专业考察人士等）、遗址管理方以及当地社区居民展开小规模随机访谈，围绕遗产的管理与活化等方面问题，以开放式和半结构化访谈为主收集一手文本资料，并进行问卷预调研。本书的研究问卷项采用 Likert 五级量表进行测量，问卷内容包括三部分：调查被访者对遗产地的分项评价、调查被访者对遗产地的整体体验评价以及被访者的人口统计信息，除样本人口社会学指标外，调查主体共计 23 个题项。问卷题项基于上述“二元三维”价值体系的构成要素（见表 6－2），通过对国内外专家、学者进行咨询并进行预调研与访谈等方法，设计具体的测度指标。基于预调研数据和反馈，删除不合理题项并适当修改语义不清、易引起歧义等表述，优化问卷结构与设计，从而得到最终正式调查所用量表。第二阶段展开正式调研，调研分两轮进行，第一轮集中在2021年11至2022年1月，第二轮集中在2022年6月至8月，针对旅游淡、旺季各样本分别观察测量，共发放问卷330份，回收有效问卷304份，有效回收率为92%。

（三）数据分析及模型检验

1. 样本描述性统计

此次调研的受访者基本覆盖各个年龄段、职业以及受教育程度，在回收的有效样本中，男性占51.7%，女性占48.3%，男女比例平衡；年龄结构方面，24岁及以下占比20.2%，25～44岁占比57.0%，45～64岁占比18.8%，65岁及以上占比4.0%，年龄分布合理；受教育程度方面，硕士研究生及以上学历占16.2%，本科学历占53.3%，大专学历占22.8%，高中及以下占7.7%，整体受教育水平较高；职业方面，以“企业工作人员”“政府机关或事业单位工作人员”“学生”居多，占比分别为30.8%、22.8%和18.2%。在此次调研样本中，受访者的社会学人口特征体现为以高学历的中青年群体为主，这也与文化遗产旅游地本身的文化属性和具有一定游览鉴赏门槛有关。

2. 信度与效度检验

首先运用SPSS 24.0软件对样本数据进行KMO和Bartlett球形检验，结果显示，KMO值为0.957，Bartlett球形检验显著（Sig. =0.000），表明样本数据适合做因子分析。通过主成分分析法提取因子，并运用最大化方差正交旋转后得到六个因子，即六个特征性维度：遗产本体客观真实性、遗产环境客观真实性、遗产建构真实性、遗产存在真实性、遗产活化体验质量及遗产公众传承意愿，所有观测变量的因子载荷均大于0.6，且未存在横跨因子现象，测量量表区分效度良好，总解释方差为84.82%。信度分析结果显示，量表各维度Cronbach’s α系数均在0.8以上，表明研究所用量表信度较高，测量项可靠性较好（见表6－3）。

表 6-3　量表信度、效度检验结果

潜在变量	题项标签	内部一致性信度（Cronbach's α系数）	旋转后因子载荷
遗产本体客观真实性	外观及整体风貌保存完好	0.958	0.837
	内在结构及局部装饰保存完好		0.836
	保留原本纹理特征与材质特性		0.837
	保持当地传统风俗和文化特色		0.760
	真实记录历史变迁和修复/重建		0.695
遗产环境客观真实性	外围景观与遗产本身协调统一	0.951	0.682
	周边有呼应的文化元素与设计		0.684
	区域文化氛围与吸引力浓郁		0.767
	向当地社区风貌的景观过渡		0.825
	同所在城市文化背景统一性		0.766
遗产建构真实性	辅助展示系统及智慧交互终端设施	0.929	0.626
	沉浸式文化体验空间（VR、AR等）		0.788
	静态与动态的“故事”解说系统		0.617
	特色文创产品与衍生产品		0.650
	线上互动交流渠道与文化主题社区		0.673
遗产存在真实性	特色仪式表演与历史场景再现	0.885	0.602
	独特参与活动与文化交流环节		0.783
遗产活化体验质量	能够激发强烈参与感与共鸣	0.936	0.857
	能够融入并沉浸遗产地整体氛围		0.814
	能够获得丰富文化与情感体验		0.682
遗产公众传承意愿	认同遗产体现的思想、文化与审美价值	0.959	0.747
	对遗产地蕴含文化感到自豪		0.843
	对遗产文化能够产生强烈归属感		0.840

3. 结构模型拟合度检验

本章研究运用 AMOS 24.0 软件进行结构方程模型分析，对模型的拟合度进行检验，得出模型拟合指标结果（见表 6-4），各项指标均达到理想值，说明本结构模型总体拟合程度良好，模型结果可接受。

表 6－4　模型拟合度检验

指标	卡方与自由度之比	AGFI	RMSEA	CFI	TLI	IFI
理想值标准	≤3	>0.9	≤0.08	>0.9	>0.9	>0.9
模型结果	2.440	0.907	0.069	0.924	0.916	0.926
是否符合标准	符合	符合	符合	符合	符合	符合

4. 假设检验

根据软件运行后的输出结果，最终结构方程模型路径系数如图 6－3 所示。根据最终模型路径系数，对前文提出的 9 项假设进行验证，模型假设检验的结果如表 6－5 所示，其中，假设路径 H4b、H5b 不显著（$p > 0.05$），研究假设 H4b、H5b 没有得到验证，其他路径系数均显著（$p < 0.001$），且正/负相关性与假设相符，假设得以成立。

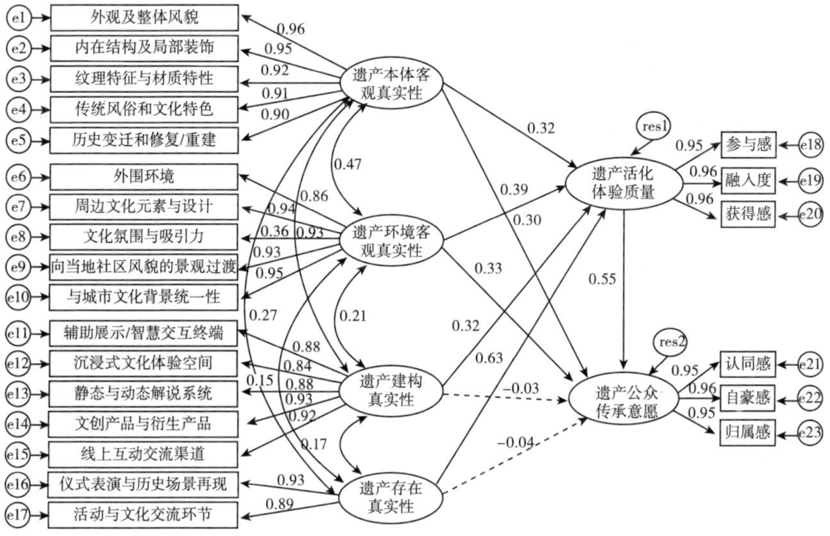

图 6－3　结构方程模型路径系数输出图

表 6 – 5 假设路径检验结果汇总表

假设标号	假设路径	标准化路径系数	标准误差 S. E.	p 值	假设检验结果
H1	文化遗产真实性与完整性价值活化质量→公众对遗产文化的传承意愿	0.551	0.070	* * *	支持
H2a	遗产本体的客观真实性→遗产活化体验质量	0.321	0.094	* * *	支持
H2b	遗产本体的客观真实性→公众对遗产文化的传承意愿	0.299	0.077	* * *	支持
H3a	遗产环境场的客观真实性→遗产活化体验质量	0.393	0.097	* * *	支持
H3b	遗产环境场的客观真实性→公众对遗产文化的传承意愿	0.330	0.072	* * *	支持
H4a	遗产本体及其环境场的建构真实性→遗产活化体验质量	0.319	0.095	* * *	支持
H4b	遗产本体及其环境场的建构真实性→公众对遗产文化的传承意愿	−0.033	0.075	0.659	不支持
H5a	遗产本体及其环境场的存在真实性→遗产活化体验质量	0.630	0.025	* * *	支持
H5b	遗产本体及其环境场的存在真实性→公众对遗产文化的传承意愿	−0.037	0.074	0.618	不支持

注：* * * 表示 $p < 0.001$。

（四）实证研究结论

通过上面的数据统计分析发现，文化遗产核心吸引物和文脉背景场的真实性（包括客观性真实、建构性真实、存在性真实三个层面）对遗产活化体验质量均存在显著的正向作用与影响，尤其是遗产本体及环境的存在真实性，展现出对遗产活化体验质量的强关联；遗产的建构性真实与存在性真实，虽然不直接对公众遗产文化传承意愿产生影响（研究假设 H4b、H5b 被拒绝），但依然通过影响公众主观体验进而影响其对遗产文化的认同感与归属感。值得注意的是，文化遗产所依托的文脉背景真实性，对公众的活化体验质量和传承意愿都呈现出显著影响，这从根本上解释了文化遗产单体观的片面性与危害，阐明了文化遗产本体同其所在的城市与空间背景之间，不可分割的连接与共生关系，对文化遗产活化利用实践中“墙里墙外”两重天、两个世界现象无疑起到了一定的警示作用，也为文化遗产保护与利用的整体观做了理论注解与有力佐证。同时也为线性遗产、大遗址以及国家文化公园建设的“空间边界”和人文生态环境整治问题提供了一定的决策依据与参考思路。

公众的活化体验质量，在很大程度上影响其对于遗产承载文化的认同感、自豪感和归属感，也侧面反映出古老的传统文化，只有充分适配现代人的生活，建立同当代人的“强联系”，才能实现真正的活化，使得民众自发自觉自愿地将遗产文化传承弘扬下去。而这种文化的代际传承，便是传统文化的现代化过程，必然伴随着当代化、人文化的价值创新和遗产价值表述的不断解构与重塑，而无论如何解构与重塑，其核心都是始终以人的需求体验为出发点，是一个“以‘人’为目的的价值建构过程”（孟姝芳，2020），一个“彼此相互独立但又相互连接”的整体价值体系（吴兴帜、彭博，2020）。遗产价值活化的成功与否，也应以其对当代人的启发、应用与关照程度来衡量，而不是一成不变、僵化机械的“真实”与“完整”。

此外，通过初期的小规模访谈、问卷中“意见及建议”一栏的反馈结果，以及笔者在进行调研时与受访者的交流还发现，目前文化遗产地游览者反映的问题主要集中在以下几个方面：①部分文化遗产旅游地缺乏独特性，与其他同类型文化遗产景区存在一定雷同之处，未能充分展现当地特色和风貌；②部分文化遗产景区商业气息过于浓厚，文化氛围和传统性活动较为欠缺；③公共服务设施（座椅、公厕、母婴设施、无障碍设施等）不足，休息场所数量不足或布局安排不够合理；④遗产景区管理人员或个别服务人员态度欠佳，服务意识不强；⑤节假日期间文化遗产景区内过于拥挤，卫生条件较差，景区管理水平有待提高；⑥遗产景区内的解说系统较为简单生硬，某些外文翻译也存在纰漏，缺乏规范性和精益求精的“工匠精神”等。

通过上述研究结论发现，在文化遗产地“二元三维”价值模型中，公众的主观价值体验是决定其传承遗产文化意愿的重要因素。因此，遗产的活化开发过程，应在保持对遗产原真性尊重的前提下，依托遗产地自身的历史遗存与文化价值，构建适配现代人社会生活场景的情感与价值联结，使“人”与“物”“人”与“场”之间实现人文生态的协调共生图景。文化遗产保护与活化利用的焦点，从单纯静止的“物”到宏观抽象的“场”，再回归到遗产价值的创造与传承本源——“人”，以人为本，遗产所承载的传统文化也势必将以鲜活的、动态的形态，不断变化和丰富并融入投射进现代人的生活，实现遗产中“人”的诉求之畅快表达，以及“人”的价值的传承与延续。

文化遗产活化体验质量的重要观测变量“参与性”方面，提高互动参与性项目质与量，尝试增加系统的、深入的、主题性的参与性活动和深层次的文化体验，注重故事的鲜活性叙事和沉浸式的场景再现，可充分利用科技赋能文化表征的创新，依托5G、大数据、云计算、多模态人工智能、VR、AR等技术提升文化遗产保护与利用的数智化水平，包括文化遗产的数字化存档、保护与修复、考古文物发掘以及遗产文化的展示传播、交流互鉴等方面，支撑遗产创新化与社会化发展。对于文化遗产而言，打造创意空间，利用丰富的文化资源再现创意景观，依托传统节庆活动等载体实现遗产特色文化创新。

在文化遗产的真实性方面，历史文脉和地方特色文化是真正使文化遗产区别于其他遗产并寻求自身长远活化发展的“灵魂”之所在，因此不光对于遗产核心吸引物本身，对于其所依托的空间背景与社区环境的文脉赓续和价值传承，也是极其重要、不可忽视的。遗产所在地政府及相关管理部门应转变观念，具有遗产整体观与大局观，而非只从地方、局部利益出发；优化遗产活化利用过程，避免资源浪费与闲置，以及过度、片面开发等现象，营造居游共享、社区参与的文化社区，以克制尊重、包容创新的态度寻求当地遗产价值的民众共建、共生、共享与共创局面。

第七章　促进文旅产业数智化发展与文化基因传承的具体对策

第一节　数智赋能文旅产业转型发展

一、以游客需求为导向，依托“大数据+”推进智慧旅游发展

首先，大数据不仅是助推旅游发展的强大引擎，对于旅游关键组成部分的文化旅游（包括文化遗产旅游）而言，同样具有重要意义。旅游业的核心是满足大众审美、求知、怀旧、文化体验与感受等全方位的需要。大数据的背后是游客的需求和文化旅游市场的潜能，借助大数据，分析游客需要，寻找游客兴趣，提高服务质量，打通旅游目的地与游客的“最后一公里”，提高旅游的舒适度和智能度。依靠大数据支撑，可以推出更加富有个性化、差异化的旅游产品。

其次，科学技术与旅游业日益密切的结合也是一个必然趋势。科技信息交流曾一度是旅游业的薄弱环节，近年来有较大改善，但其重要作用日益凸显。为此，应建立与完善支撑旅游发展的科技数据平台，不仅使旅游产业管理方、旅游产品经营者、当地社区居民以及游客足不出户就可以获得自己所需要的技术信息和服务，而且可以从科技支撑旅游发展的成功案例中受到启发，不断提升遗产管理水平与效率。

最后，旅游业作为一项信息密集型产业，搜集、存储、传递和分析旅游数据与信息不仅是整个行业延续发展的核心，也是连接旅游目的地与旅

游者的重要桥梁。若信息得不到及时有效的传递，即使旅游资源再优质，其营销效益也无法得到有效提升。推动大数据产业和旅游产业融合发展，不仅注重旅游营销工程建设、旅游宣传平台搭建、旅游营销目标定位等，还要利用大数据、智慧旅游、云旅游平台等分析与掌握当前游客需求偏好和感知体验状况，推进一站式便民服务体系建设及旅游目的地知名度提升。

具体来说，旅游产业可依托高科技本身高、新、尖的特性，满足旅游者对新、奇、特的需求，发展科学研究场所游、艺术馆及博物馆科技主题展览、微缩景观、高新技术（全息投影、VR 展览、多维互动展示等）等多途径、多渠道展览与参与方式。尤其对于遗产地重要的人文景观与文物进行虚拟旅游产品开发，形象再现历史文化辉煌与胜景。统筹文化资源、加快推进旅游智慧建设，强化大数据运用，逐步提高旅游目的地管理智能化水平。

二、推进“旅游+信息”产业间融合，实现智慧旅游全覆盖

文旅资源的合理化利用与发展，需要强力推进科技支撑作用以实现智慧旅游全覆盖。智慧旅游中，要重视电子商务在旅游信息查询、酒店预订、餐饮、纪念品购买方面的重要作用。

一是通过科技扩散传播旅游文化品牌的知名度，通过科技精准定位现有真实性与完整性水平，发挥大数据与互联网重要作用，完善智慧城市功能，助力全产业链融合。二是利用现代科技建成旅游指挥中心，创新发展模式，提升全域旅游管理水平和服务水平，通过智慧服务、智慧管理和智慧营销加强旅游资源和产品的开发与整合，全面实现智慧旅游全覆盖。积极发挥科技创新作用，实现大数据支撑下的智慧旅游。三是建设完善旅游目的地电子商务系统，主要包括信息查询服务、在线预订服务、客户端应用服务、中介服务。通过旅游目的地电子商务系统，使旅游者可以在网络上查询到目的地的相关旅游信息，并完成预订入住周边酒店、旅游线路设计和导游预约等相关服务。旅游景区可通过景区电子门禁系统、景区电子

售票系统、景区监管信息系统、文物数字化管理系统、环境监测系统和卫星遥感系统、GPS车辆调度系统、森林防火监控网络系统、LED信息发布系统、背景音乐智能广播系统、公用信息总监控中心等实现旅游景区和旅游目的地数字化管理。

三、进一步提升文化遗产保护与利用的数字化水平

保护文化遗产及历史文物古迹，是为了帮助人们欣赏文化遗产并受到人类文化财富的启迪，最大限度地改善人类的生存状态和精神状态，使文化遗产不再只成为代表过去的一种纯纪念物，而是要加强有生命力的传统民族文化的延续能力，使传统文明真正融入现代生活之中并得到积极传承，从而实现传统文明的真正复兴（吴晓隽，2004）。

文化遗产数字化指的是利用当代测绘遥感和计算机虚拟现实技术，以数字化方式将文化遗产的全部动产和不动产真实、完整地存储到计算机网络，实现真三维数字存档，供保护、修复、复原以及考古研究和文化交流使用，其应用包括但不局限于文化遗产的数字化存档、保护与修复、考古研究以及文化展示、传播、交流与互鉴等方面。

（一）数字化存档

数字化存档是文化遗产得以传承的根本。受各种因素影响，随着时间的推移，文化遗产会受到损害，丢失一些历史信息。数字信息获取与处理技术能更好地通过整理、收集、记录等方式保存文化遗产的信息，突破传统意义上的保护方式所不能达到的展示要求与保真效果，更为安全和长久地保存弥足珍贵的文化遗产。

（二）数字化修复与保护技术

长期以来，对破碎文物的复原采用手工方式，利用计算机图形学技术，将破损文物按原始形状复原出来，提供文物计算机复原模型展示，对残缺文物进行虚拟修补。这一应用将改变文化遗产保护的传统技术与手段，为文化遗产保护和修复开辟新路径。

（三）数字化辅助考古发掘

计算机辅助数字考古可以从以下三方面展开：其一，遗址、场景、遗物的快速建模、模拟和绘制，以支持文物专家推理、预测、发现、认知、提出问题及验证假说等创造性工作；其二，建立精确文物模型和进行虚拟场景展示，以支持文物和遗址的展示测量和传播等；其三，数字化文物遗址资料，提供考古过程的线画图、剖面图及定量尺寸标注等资料生成支持工具，实现考古发掘报告资料图示的自动生成。

（四）数字化展示与传播

建立基于数字媒介统一平台的数字博物馆，实现文化遗产数字化展示与传播，为文化交流提供了打破时空限制的新途径。数字博物馆将多种媒介形式的文化遗产信息整合在一起，借助多媒体集成、数字摄影、虚拟现实等技术，在不动用文化遗产的情况下，通过网络，摆脱传统意义上博物馆所必需的建筑、陈列、参观时间等条件的束缚，使海量存储的文化资源得到最大限度的展示、利用和共享，更方便、快捷地满足广大用户的需求，数字技术还可用于大遗址的虚拟展示，借助虚拟现实技术的沉浸感、交互以及模拟想象特性，为文化遗址提供逼真的场景、漫游和探索的乐趣以及超越时空的三维展示，让今天的人们能够“身临其境”地感受文化遗产的精髓与艺术魅力。

目前，很多博物馆业已实现线上虚拟实景展示服务功能，且取得了不错的成效和公众反馈，尤其是在2020年抗击新冠疫情期间，足不出户、只需轻点手机屏幕就能欣赏到美轮美奂的馆藏文物与艺术珍品，让广大公众极为享受、交口称赞。2020年2月，我国文化和旅游部艺术司和国家文物局博物馆与社会文物司联合包括故宫博物院、南京博物院、陕西历史博物馆等在内的全国众多博物馆、美术馆，发起50场线上展览，将诸多文化与艺术瑰宝在线上呈现给广大民众（图7－1所示为北京故宫博物院的全景展示封面）。

这种方式不仅能最大限度地降低观赏游览对文物的伤害与负面效应，

图 7－1　北京故宫博物院的全景展示封面

资料来源：北京故宫博物院微信官方账号“故宫博物院”。

在不破坏文物、不造成客流拥挤的基础上展示文物遗产价值，更重要的是使“阳春白雪”的文化艺术不再曲高和寡，真正“飞入寻常百姓家”。360度全方位实景展示，配上生动的文字解说、信息丰沛的背景提示与知识拓展、优美应景的背景音乐，使广大公众不分男女老幼、身份、职业与国籍地域等因素和条件的限制，都能享受到一场文化盛宴，受到艺术的熏陶，真正实现包括博物馆在内的文化遗产的教育与传播功能，从而真正激发国内民众对传统文化的浓厚兴趣，加深其认知与自豪感，进而产生情感共鸣与增进价值认同，真正树立起民族文化自信。对于能通过线上资源领略到中国传统文化精髓的国外游客而言，则不失为一种有效传播中国文化的途径与渠道。

四、推动数字基础设施赋能文旅产业提升竞争力

首先，强化数字基础设施创新应用，依托创新驱动平台和高校科技创新资源，聚焦高端装备制造、电子信息、航空航天等产业，瞄准高端芯

片、基础元器件、集成电路等技术，以龙头企业为引领，联合产业链上下游企业、科研院所等创新主体，共同构建产业创新战略联盟，建设专业化、市场化的创新成果转化机构，促进数字科技成果转移转化，推动“产学研用”深度融合。进一步优化文旅产业发展环境，切实做好与5G、物联网创新发展的相关政策出台及落实，鼓励物联网与5G、大数据、云计算、人工智能等方面融合发展，加大资金帮扶力度，激发市场活力，加速推进5G、物联网创新发展。

其次，增加数字人才供给，积极实施“筑巢引凤”工程、建立高端旅游人才智库，面向全社会诚邀高端旅游人才。引进外来优秀管理人才和专家，保证住房，支持技术和智力入股，保障外来人才权益；实施企业家工程，建立外来企业家人才库，建立健全高级管理人才管理计划，保护外来企业家财产合法权益；设立旅游人才专项基金，用于旅游人才引进、旅游人才培养、人才奖励等工作；出台各类人才优惠政策和激励机制，引入相关专业紧缺技能人才，优化配置旅游人才资源并实现人才资源共享。推动战略性新兴产业与未来产业的人才集聚，以企业的实际需求为指引，共建一批现代产业学院、联合实验室、实习基地，通过定向培养、联合培养、校企合作培养等方式，探索制造业人才、数字人才资源共享，培育一批制造业数字化复合型人才。鼓励有条件的高等院校开展数字基础设施相关研究，增设硕士、博士学位授权点和博士后科研流动站，构建“互联网+”“数字经济”等跨学科、跨专业的人才培育体系，为制造业数字化转型、智能化改造提供充足的专业人才储备，以人才高质量发展助力现代化产业体系发展。

最后，加强文旅产业“产学研”一体化协同创新。积极与省内外高校合作，建立遗产地旅游人才培养基地；鼓励相关高校、研究院（所）的专业人员，参与破解遗产地旅游发展的重点、难点、热点问题；构建“政府+企业+高校+研究院（所）”的旅游协同创新模式，为遗产地旅游发展、人才培养、成果应用、平台建设等提供必要支持和保障。发挥高校专业优势，对接产业发展需求，培养、培育相关专业人才，为遗产地的价值活化与合理开发持续输送高素质、高水平的优质人才；同时，利用高校和科研院所的理论研究特长，寻求科技和管理创新，推动理论研究向实践成果转化，为遗产地的价值活化与合理开发指明道路、创新思维、革新手段、提升效率。

第二节　发挥文旅产业数字化优势，弥合城乡数字鸿沟

一、文旅产业数字化优势与“浙江经验”

文旅产业以其低碳化、高度体验化、强参与性、普及面广等优势，为乡村经济注入新的活力，推动乡村经济的繁荣。以文旅产业数智化创新发展为龙头，可以全面带动餐饮、住宿、交通、娱乐、贸易、物流、休闲农牧业等相关产业的发展，解放数字化生产力、激发乡村振兴内生动力，拉动乡村平台建设与资源整合，全面赋能数字乡村建设；同时，文旅产业由于准入“门槛”较低，没有过高的技术壁垒和认知阈限，且成本低廉、易于推广，因此极大地降低了村户全民参与的难度，给予村民创新的动力和信心，能够充分调动社会资本，普惠广大农村民众共同享受数字红利，从而改善城乡数字鸿沟与“数字悬浮”现象，打通数字经济建设的“最后一公里”。

按照文化和旅游部、浙江省人民政府《关于高质量打造新时代文化高地推进共同富裕示范区建设行动方案（2021—2025 年）》，浙江切实承担主体责任，健全工作推进机制，深化理论实践探索，打造标志性成果，形成了一批可复制、可推广的经验做法，为文化和旅游赋能高质量发展建设共同富裕示范区提供了宝贵的经验和参考。标准先行、提升服务、打造品牌、立足民生，可以视为浙江典型经验做法中最具特色的举措。

一是标准先行，完善文化和旅游赋能共富的顶层设计。文化和旅游是现代服务业的重要组成部分，具有高附加值、高融合性、高成长性等优

势，对于促进经济转型升级、满足人民日益增长的美好生活需要具有重要作用，在推进中国式现代化建设中，文化和旅游更是被赋予了实现共同富裕的重要使命。

浙江省积极完善文化和旅游赋能共富的顶层设计，通过建立统一的标准和规范、加强产业融合和建设专业人才队伍等措施，探索解决文化和旅游产业标准化程度低、服务质量参差不齐、产业融合度不够等问题。例如，出台《关于高质量建设公共文化服务现代化先行省的实施意见》，出台乡村旅游领域省级地方性规章《浙江省乡村旅游促进办法》，制定《浙江省公共文化服务现代化标准（2021—2025 年）》《浙江省级非遗工坊建设指标体系》。这些制度和标准可以有效解决当前文化和旅游发展中存在的一系列瓶颈问题，为实现共同富裕的目标注入强大活力。

二是整合资源优化配置，提升公共文化服务品质。公共文化服务的提升需要各类资源的共同支持。为此，浙江整合全省文化和旅游资源，优化人、财、物配置，建设高水平的图书馆、博物馆、艺术馆等文化设施，同时引进许多优质的文艺演出和展览活动。例如，截至 2023 年 6 月底，全省整合 1.82 万个公共文化设施和 8.2 万个其他文化空间，打造 1.17 万个覆盖全省的“15 分钟品质文化生活圈”；累计建成图书馆分馆 3816 个、文化馆分馆 1846 个、城市书房 1373 家、文化驿站 710 家、乡村博物馆 549 家。

值得一提的是，浙江通过组织开展丰富的文化和旅游活动不断完善公共文化服务。如开展“文艺赋美”工程，推动优质资源下沉，整合“文艺下乡”“美育村”“村晚”等活动载体，结合开展全民艺术普及月、全民艺术节、戏曲大联展等系列活动，实现了从街头文艺向全民美育和艺术普及延伸。通过有效的资源整合和优化配置，为公众提供更加优质、便捷、多样化的公共文化服务。

三是推动文旅深度融合，打造规模化“浙系列”品牌。近年来，浙江文旅融合越来越深，逐渐形成了以文化为内核、以旅游为外延的综合性文旅形态。浙江拥有丰富的自然景观和人文景观，具有得天独厚的文旅资源优势，通过积极推动文旅深度融合，致力于打造具有鲜明地域特色和浓郁文化底蕴的“浙系列”品牌。除“文艺赋美”工程外，浙江还围绕食、住、行、游、购、娱等文旅核心要素，实施文旅消费品牌创建行动，形成了美食文化的“百县千碗”、民宿产业的“浙韵千宿”、旅游商品的“浙派好礼”、文娱消费的“浙里演艺”、文创市集的“浙里千集”等“浙系列”品牌。规模化的品牌效应有利于提升浙江文旅产业形象，进一步增强浙江文旅的美誉度和提升游客对浙江的认知度，也有利于深度挖掘和整合文旅资源，促进产业间的融合与互动，推动多元业态协同发展。

四是重视民生，促进就业创业，实现共建共享共富。浙江省在推进文化和旅游赋能共同富裕中，充分考虑了人民群众的利益和需求。在非遗工坊建设方面，截至 2023 年 8 月，全省建成省级非遗工坊 87 家、市级非遗工坊 131 家、县级非遗工坊 841 家。各级非遗工坊销售额达 53.1 亿元，培训近 2 万名各类人员，吸纳就业人数 16.37 万，“工坊＋农户”等形式产业链延伸带动就业 552.7 万人。通过发展给老百姓带来了实实在在的收益，这是浙江建设共同富裕示范区的着眼点和着力点。

为实现这个目标，浙江在文旅创新创业上全省“一盘棋”，省级部门协同、省市县三级联动，建立了各地党委统一领导、政府组织实施、文化和旅游部门牵头协调、职能部门共同参与的执行机制，加强政策指引、业务指导、项目扶持、示范带动，形成高效指导和工作推进体系。例如，以长三角乡村文旅创客大会为平台，推出文化产业赋能乡村振兴“特派员”制度，引导文化和旅游领域企业家、创业者、创意人士、志愿者等行业精英深入乡村、扎根乡村、服务乡村，培育一支强大的乡村文旅创客人才队伍。积极开发乡宿、乡购、乡娱、乡学、乡旅等体验项目，打造一批富有乡村特色的消费热点区和网红打卡点。

浙江积极推进共同富裕示范区建设，探索了具有浙江特色的文旅赋能高质量发展建设共同富裕示范区之路，对其他地区具有重要的借鉴意义和参考价值，对于我国文化和旅游高质量发展也将产生深远影响。

二、文旅赋能数字鸿沟跨越，实现共同富裕的具体建议

一是加快加强“农文旅”大数据智能服务平台建设，通过数字服务平台与资源整合提升信息交互的实时性、精细度与管理效能，节约传统农业及服务业活动和管理过程中所消耗的能源、人工成本与所占用的土地；推动基本公共服务向农村下沉，实现信息资源一体化、一站式的共享开放和有效整合。

二是利用数智化文旅产业创新发展带动低碳化消费，减少对资源环境的浪费和破坏；因地制宜地推广绿色观光农业、休闲农业、认养农业、生态农业等新型业态，减少农业污染和农村废弃物排放，有效保护农村生态环境；采用云旅游、虚拟场景体验、数字文博等零碳化旅游方式，从根本上替代农村传统高耗能、资源依赖型的经济发展模式，实现产业发展由资源耗费型向环境友好型的转变，为农村可持续发展提供有力支撑，保障农村生态效益和谐稳步增长。

三是利用智慧文旅产业的“低门槛”优势，减少乡村数字化推广建设的难度和阻力，尤其面向广大中西部农村及偏远地区等资源禀赋优越但经济社会发展和数字化建设相对滞后地区，增强社区参与和公众参与，建立与培育良好的“居游共生”与全民共享关系，让文化通过科技真正“走”入乡村大众的生活，惠及更多民众。通过数智文旅形式构建起符合当地村民切实需求、百姓喜闻乐见的多元场景应用，降低技术壁垒和认知阈限，给予村民创新创业的动力和信心，普惠广大农村民众共同享受数字红利，从而改善城乡数字鸿沟与“数字悬浮”现象。

四是通过数字化技术，将大量散落在乡镇各处的历史古迹、乡村习俗、民间艺术等文化遗产和非遗技艺更好地加以保护和整合。依托乡村当地独特且不可替代的文化资源价值，通过打造“社区虚拟文化空间”“数字非遗体验中心”“云端民俗风情展”等多样化形式构建符合人们现实需求的社会场景与人文环境，并利用网络平台面向世界广泛传播乡村文化，扩大文化受众面和影响力，让更多的人了解认识地方优秀传统文化，增强

人们对当地传统文化的认同感与文化自信，使本土优秀传统文化得以永续传承与弘扬。充分利用互联网流量和短视频自媒体等网络平台打造“热点”“爆点”“话题点”，形成乡村特色文化 IP 和吸睛招牌，起到经济和文化双重引流的作用。充分释放数字红利，活化文旅资源价值。

五是充分发挥文旅产业聚人气、高客流、重体验的产业优势特点。一方面促进城乡人员流动和区域交融，带动信息、文化、人员、资金的充分交流融通，打开对外交流的窗口，促进城乡融合发展和共同繁荣；另一方面通过智能化特色民宿、数字文创、创意农业、养生休闲、微度假目的地等多元形式吸引年轻人回乡创业，改善农村尤其是落后地区“孔雀东南飞”的人才流失和村户空巢现象。政府部门应大力支持农民工与返乡大学生运用网络和信息技术开展创业创新，并为其提供良好环境和政策扶持，吸引人才、留住人才，建设新农民新技术创业创新中心，推动城乡“产学研用”合作育人，为数字乡村建设、城乡数字经济协调一体化发展提供坚实有效的保障。

第三节　创新驱动传统文化价值传承和特色文化发掘

一、强化旅游地文化基因的重要性

历史文脉具有承上启下的传承功能以及阐释人类生活的符号功能，它依托各种物质载体以及人类的活动。文物所在环境是文物生存的土壤，文脉是物质要素与精神要素的融合，注重文物实体的保护而忽视对其所在环境的保护同样是对文脉的破坏，特别是一些对环境依赖性较强的重要古遗址、历史街区等。

文化遗产旅游地的景观要素中，人文景观是很重要的方面，它是社会文化、经济等在景区具体景观中的体现，社会文化背景不同的街区也会呈现不同的人文景观。人不能生活在一个没有景观历史的环境中。景观的文脉环境是人们识别自己城市及其特有文化的最直接的事物。失去它，人的精神就失去了归依。因此要营造独具特色的能使游客难忘的遗产旅游体验，就要充分了解遗产所在城市及本街区固有的、传统的文化构成，挖掘景观的文化特质，使遗产旅游区环境能够延续传统的历史文脉，带给人们不同凡响的感受。

所有的旅游经历都可以认为是文化经历（MacCannell，1973）。因此，遗产旅游的发展离不开文化的支撑，文化是遗产的灵魂，是其生命力之源泉。文化遗产旅游地一旦失去对本身文脉的顺依、对文化底蕴的重视，将会缺少内涵、缺乏生机，如同无源之水、无本之木一样变得索然乏味，因而对游客的吸引力也就会大大下降。这在国内外文化遗产保护与利用实践中已得到广泛验证。游客对遗产地的文化往往有很高的需求，文化解释辅助设施的欠缺、文化活动的不足都会令游客的需求无法得到满足，从而影响其体验的愉悦度。因此，在遗产旅游的开发与发展中一定要注重对景区内历史文脉的强化，这不仅使文化遗产的内涵得以完美展示，也使得传统文化有了依附的物质基础和表现场所，二者相得益彰。而遗产旅游地的文化往往包括独特的民族地域文化、饶有特色的历史性建筑文化、丰富多样的节庆文化、博大精深的饮食文化与茶文化等，需要通过多元化的形式全面而妥善地呈现与展示。

二、科技支撑遗产创新化与社会化发展，推动传统文化复兴

《关于促进文物合理利用的若干意见》在利用方式上给出以下方法：推动展陈策划专业化、社会化，打造精品陈列；支持文博单位利用信息等现代科学技术，实施“互联网＋中华文明”行动计划，建设“一带一路”文化遗产长廊，创新传播方式，提供更多更好的公共文化服务。鼓励有条件的文博单位利用自身人才与专业优势，通过互联网与信息技术向社会提供文物鉴定等相关服务。关掉不合理利用的“后门”后，打开富有技术含量、需要创新的（包括技术创新和机制创新等）“前门”。如若没有这些创新，只关注短期经济效益，文物被过度或不当利用的情况和文物被搁置的情况仍然会出现。

尤其针对珍贵的文化遗产资源和相对脆弱的非遗技艺，可采用数字采集、数字储存、数字处理、数字展示、数字传播等技术，将文化遗产资源转换、再现、复原成可共享、可再生的数字形态，并以新的视角加以解读，以新的方式加以保存，以新的需求加以利用。充分加强文化博览场馆建设与智慧化博物馆建设，非遗大数据体系建设、非遗数字化保护及非遗资源数字传播，并通过科技赋能非遗旅游体验提升。只有利用科学技术支撑文化遗产的创新化与社会化发展，才能推动中国传统文化复兴，实现文化强国。

三、思维创新与传统文化价值传承

形态多样的文旅资源是吸引旅游者的魅力所在，也是文化创意取之不尽、用之不竭的宝库。旅游与创意结合，可形成参与度更高、体验性更强的创意旅游。创意旅游的概念由新西兰学者格雷·理查德（Grey Richards）和克里斯宾·雷蒙德（Crispin Raymond）于2000年首次提出，被解释为“游客在游览过程中学习旅游目的地国家或社区的某种文化或技巧的一种旅游”。最早将创意旅游付诸实践的是“创意旅游新西兰”（Creative Tourism New Zealand，CTNZ），旅游者通过参加交互式工坊（Interactive Workshop），激发自身创意潜能，拉近与当地居民的距离，进一步体验旅游目的地的文化氛围。联合国教科文组织创意城市网络（UNESCO Creative Cities Network）也于2006年的会议上对创意旅游进行了界定：创意旅游是一种可以为旅游者提供具有原真性的、可直接参与体验的旅游活动，主要表现形式为学习当地的艺术、传统以及具有当地特色的象征性文化，并与当地居民相互交流，在生活中体验文化。在该组织的倡议和推动下，于美国新墨西哥州圣达菲召开了创意旅游国际会议，对创意旅游发展和实践进行了讨论与分析。创意旅游最初是从游客角度出发，游客的创意旅游行为“是积极而不是被动的，是学习式而不是观光式的，既是自我发展也是经济发展”，“潜在地依赖于地方技能、技术、传统以及独特性”。不过，创意旅游的概念也被应用于旅游开发领域。经济学家厉无畏认为，创意旅游是指用创意产业的思维方式和发展模式整合旅游资源，创新旅游产品、锻造旅游产业链。综合两个方面，创意旅游可以为旅游者提供深度的参与体验，也为无形文化遗产的载体化、有形文化遗产的活化乃至未来遗产的创造提供了有效的途径和方法；创意旅游是连接旅游和文化产业的纽带，旅游产业发展的创新路径。

创意旅游的形式包括创意空间、创意景观及创意之旅等。创意空间是创意生产和消费的集聚地，如伦敦苏豪区（SOHO）、北京798等，这类空间无论是视觉上还是感觉上都具诱惑力，吸引游客前来参观。创意景观包括文化主题公园、旅游节庆、旅游演艺等，是依托历史文化遗产加以再创造的产物，也有一定的参与性。创意之旅则是以参与、体验和学习乃至创作为目的的旅游活动。通常以工作坊为载体，旅游者深度体验学习地方传统艺术、工艺、歌舞等内容，创作属于自己的作品，从而实现自我成长与发展的目标。

对于文旅产业而言，打造创意空间，利用丰富的文化资源再现创意景观，不失为一种有效的创新之路。例如，常州淹城春秋乐园，毗邻春秋淹城遗址，定位于“小淹城，大春秋”，选取春秋时期政治、军事、经济、文化等素材，设置春秋文化情境下的静态观赏项目、互动演艺项目和体验游乐项目；杭州宋城，参考《清明上河图》画意设计，以两宋文化、杭州地方文化为中心内容，再现两宋皇城景观（其中宋城城门楼到市井街一段120米的石板路用南宋皇城御道石板铺就），设置丰富多彩的民俗表演。其大型歌舞《宋城千古情》，用现代声、光、电科技手段和舞台机械，演绎和呈现良渚文化、南宋皇宫、岳家军抗金、白蛇传说，以及丝绸、茶叶等地方历史和文化内容，成为景区的招牌节目。

澳大利亚的“壁画镇”提供了创意景观的另类模式。位于塔斯马尼亚西北面罗兰山（Mount Roland）下的小镇谢菲尔德（Sheffield）是塔斯马尼亚岛盛产醇酒佳酿的重地之一。20世纪80年代，当地人决定以壁画来重新活化当时寂静沉闷的小城，现今镇内历史建筑的外墙上，随处可见的壁画娓娓诉说着小镇的历史故事和生活状况。镇上每年举办大型壁画展，国内外的艺术家均可参加。这个只有 1000 多人口的小镇因壁画而名声大噪，每年接待十余万来自世界各地的游客。

旅游节庆，既可以是传统节庆活动的继承，“旧曲翻新声”，也可依托地方文化搞创新。前者如国家级非遗都江堰清明放水节，本是源自“祀水”的古老仪式，与都江堰的“岁修”制度关联，冬季枯水期，渠首以杩杈（也作“杩槎”）截流，轮流修葺内、外江水道。开春内江灌区需水春灌，便在渠道举行隆重仪式，拆除拦河杩杈，放水入灌渠。北宋太平兴国三年（978 年）正式由官方将清明节这一天定为“放水节”，并持续至 1949 年。1957 年，修建了节制闸门，都江堰不用全部断流，砍杩槎放水仪式不再举行，1990 年，都江堰市为了弘扬民族文化，决定恢复都江堰清明模拟放水活动。自 1991 年起，清明放水节恢复仿古祭祀表演，并融合艺术节灯会等内容，盛况远胜从前。后者如洛阳牡丹文化节。洛阳素有“牡丹甲天下”之美名，牡丹文化底蕴深厚而独到。1983 年，洛阳开始举办牡丹花会，2008 年牡丹花会入选国家级非物质文化遗产名录，2010 年文化部批准更名为“洛阳牡丹文化节”，升格为国家级节会。牡丹花季也是洛阳的旅游盛季，花会期间，除赏花游外，历史文化游、生态游，以及温泉、漂流等旅游产品也被带动起来，很好地促进了洛阳及周边地区的旅游发展。此外，还有始于《印象・刘三姐》的“印象”系列大型实景演出，包括《印象・丽江》《印象・西湖》《印象・大红袍》《印象・普陀》等，以及《禅宗少林・音乐大典》《中华泰山・封禅大典》《鼎盛王朝・康熙大典》《大宋・东京梦华》《西安千古情》《驼铃传奇》《长恨歌》等，以全景式的自然山水为舞台，利用当地历史、民俗等文化元素，经演艺界创作团队再创造，演绎地方特色文化，使观众在自然剧场中身临其境，得到全新的、震撼的艺术体验，是旅游与文化创意的完美结合。

第八章　结论与展望

中共十八大以来，以习近平同志为核心的党中央高度重视发展数字经济，将其上升为国家战略，实施网络强国战略和国家大数据战略，促进互联网和经济社会融合发展。目前，我国已在数字经济方面取得了快速发展，但仍面临经济数字化水平偏低、区域差异大、数字鸿沟与经济鸿沟交叠等方面的问题。在我国数字化转型发展的战略关键期，抢占数字经济发展高地，促进传统产业数字化转型和高质量融合发展将成为决定性的重要议题。在日趋频繁的对外文化交流互鉴中持续弘扬中华优秀传统文化，推动传统文化创造性转化、创新式发展。

一、研究结论

（一）对文旅产业数智化发展与文脉传承相关理论的梳理

首先，通过对文旅产业数智化发展的相关理论进行梳理发现，对文旅产业数智化升级与实现“双碳”目标内在逻辑的高度统一性还需进一步强化和深入探究，低碳化不仅是目标，也是文旅产业转型升级与创新发展的重要途径与手段；同时，实证研究方面，如何全面、系统地从不同维度衡量文旅产业数智化水平，从而精准地找到文旅产业高质量创新发展中的薄弱环节，显得尤为重要。在文旅融合走向内涵式发展的大背景下，尝试构建“双碳”引领、科技支撑、创新驱动的系统化理论框架与实践路径，能够深入推进我国文旅产业高质量创新发展。

其次，对旅游产业高质量融合及文旅资源活化的相关研究进行分析，支持并延伸了学术界对于文化遗产旅游活化的积极意义的肯定，对其表现形式与呈现模式高度概括与总结，并突出文化遗产活化的目标在于“借助历史遗存重构中国现代化进程中的价值体系，以此实现自我和他者对‘中华民族’的身份确认和价值认同”。

最后，关于如何在文化遗产类旅游资源的保护与活化基础上，实现文化基因传承问题，通过对国内外大量研究的脉络进行归总分析，得出两点值得注意的问题：其一，文化遗产保护中经常提及的“真实性与完整性”二元原则易被片面理解为单纯的遗产资源保护原则，而往往忽视其在遗产活化利用、文化符号阐释及主观价值建构方面的重要作用，即对于文化遗产保护原则作用于文化遗产主观体验、促进文化遗产的文化基因发掘和价值活化的内在机制，尚待进一步充分阐述。其二，文旅资源活化本质在于“人”的价值的活化，而目的在于文化基因的传承，该认识尚需进一步强化和深入探究。

（二）对我国旅游产业数智化发展现状的总结与先进经验总结

通过对世界及中国智慧旅游源起与发展历史的回顾，总结了我国文旅产业不同业态的数智化发展历程，指出现阶段我国文旅行业消费端的数智化已经步入“深水区”，并明显呈现出三大发展趋势，主要包括：文旅产业智能化改造施工提速，全面协调的智能运营普及；文旅数智化应用新场景层出不穷，住、行、购相关数智化创新场景也正在崛起，数字藏品赋能文旅产业也已经成为时下热点；文旅数智生态圈建设如火如荼地展开，对数智化生态的构建与维护重视程度明显加深。

先进经验方面，我国文化和旅游部公布的2023年文化和旅游数字化创新实践案例（包括十佳案例和34个优秀案例）集中示范推广文化和旅游领域数字化创新的最新成果，分别聚焦5G、人工智能、大数据、云计算等数字技术在文化和旅游领域的创新应用，浙江与河南等地因地制宜、灵活多元的文旅产业数智化转型先进举措与创新发展模式尤为值得借鉴。

（三）我国文旅产业数智化发展的制约因素及痛点问题

总体来说，我国文旅产业在数字化与智能化发展道路上的问题与障碍主要集中在以下几个方面：

第一，文旅资源保护与活化之矛盾。一方面，文旅资源利用和建设缺乏可持续性与整体观，部分文化遗产类资源甚至珍贵文物尚存在过度开发、反噬保护的现象。我国还有不少地方仍处理不好经济建设、城乡发展与文物保护之间的关系，难以把握保护与利用相平衡的“度”，过度及不当开发事件时有发生，致使一些珍贵遗产遭到不同程度的破坏，相关文物补偿机制也尚待完善，遗产建设对周边社会产生的负面影响无法有效弥补。另一方面，文旅资源利用效率低下，资源价值未能实现有效活化。尤其是许多散布在田野中、位置偏僻的遗址或古建筑，所受关注度不高，生态环境管理较为粗放，规划片区和功能布局欠缺整体性和层次感，且展陈形式单一、内容简单，未能向公众充分展示和传播资源的文化内涵和价值，文化品牌营销方面也处于相对滞后和粗浅的阶段。

第二，资金与管理之困局。资金机制上，呈现以财政拨款为主、市场和社会渠道发展相对滞后的局面。文旅运营单位资金整体不足，是影响利用效率的主要瓶颈之一。经营制度上，没有全面建立起高效的文旅资源共享机制，资源共享机制和交流沟通机制不畅，限制了资源、信息、人员与价值的合理流动，导致文旅资源的活化程度与文化价值传播效率偏低。许多旅游目的地故步自封、管理僵化，缺少针对旅游资源的统一、规范、可操作性强的管理规章和标准，很多旅游景区在遗产文化解说方面做得较为粗糙，欠缺规范性和精益求精的“工匠精神”；同时，基层管理机构权责不明，人力资源不足，难以进一步拓展利用的范围、程度和精度，显著制约了文旅资源活化的效率。

第三，“量”与“质”的失衡，包括空间不平衡、总量不平衡和结构不平衡。空间不平衡体现在东西部之间、城乡之间、热门地区和冷门地区之间文旅资源活化利用程度的地区差异；总量不平衡则体现为级别较低的文旅单位资源保护不足甚至在管理上的“懒政”，大量散布民间的历史村落、文物古迹等珍贵文旅资源，并没有被公众充分认识并合理利用，无法满足广大人民群众日益增长的精神与文化需求。空间不平衡、总量不平衡和结构不平衡最终导致了利益结构的不平衡，即没有充分考虑文旅产业不同利益相关方，难以构建融合发展的格局。文旅产业管理者缺乏整体观与大局意识，也易缺乏基于底层社会的人文关怀，难以形成共赢的核心价值观以及利益共同体和发展共同体。

此外，随着我国数字经济的快速发展，数字鸿沟、“数字悬浮”问题以及信息茧房现象日益凸显，智慧文旅通过经济赋能、社会赋能及环境赋能三个方面赋能城乡数字鸿沟跨越，促进农业农村经济社会数字化转型，推动数字化进程从城市向农村延伸，改善“数字悬浮”问题，同时也使乡村优秀传统文化得以永续传承与弘扬，零碳化旅游方式更是将从根本上替代传统高耗能、资源依赖型经济发展模式，实现文旅产业发展由资源消耗型向环境友好型转变。同时，对于信息茧房问题，本书通过实证研究，印证了信息窄化、同质化和群体趋同化倾向，对旅游从众行为均存在显著的正向作用与影响，阐明了信息时代旅游业区别于以往传统发展理念和路径的差异性，应充分意识到网络、舆论、信息和公众态度的强大作用，在发挥利用网络媒体与智能平台的技术和功能优势的同时，也应警惕其带来的种种随生问题和副作用。

（四）构建文旅产业数智化发展框架与路径

针对上述我国文旅产业数智化发展的瓶颈及痛点问题分析，本书提出创新驱动下陕西文化与旅游产业数智化转型升级与高质量融合发展的有效路径。搭建“双碳”引领、科技支撑、创新驱动的“一核三联四层六维”文旅产业高质量发展理论框架，从智慧化、数字化、信息化、网络化、智能化及未来化六个维度，智慧服务、智慧管理、智慧营销三个方面，促成文旅产业的数智化平台搭建、低碳化资源整合、沉浸式文旅体验优化以及产业价值的国际化传播。

针对上述我国文旅产业数智化发展实践中存在的矛盾与冲突，本书提出以下促进我国文旅产业数智化发展与文化基因传承传播的关键点：①规划方面：强调敬畏历史、尊重克制、活态保护的规划理念，优化文旅资源活化利用过程。②营销方面：深入挖掘特色化文旅资源衍生产品，打造文化品牌，重视自媒体“跨界”营销，扩大受众面和影响力，开发品质化文创产品，加强线上线下营销结合，注重故事的鲜活性表达与交互式体验。③管理方面：构建符合当代人生活及现实需求的社会场景与人文生态环境；强调公众参与，赋予民众切实的知情权、参与权、监督权及收益权，建立与培育良好的“居游共生”与全民共享关系。④人才培养方面：健全文化旅游人才培养机制，加强文化旅游“产学研”一体化协同创新，推动理论研究向实践成果转化。⑤信息化方面：依托“大数据 +”推进智慧旅游覆盖，进一步提升文旅资源保护与利用的数字化水平。⑥文化传承与传播：利用丰富的文化资源再现创意景观，依托对传统文化的表征创新实现中华特色文脉基因的永续传承。

同时，体验是旅游产品的本质属性，旅游体验产品就是让旅游者在差异化体验与活动参与中追求身心享受和愉悦，获得难以忘怀的经历和回忆。文旅产业的创新发展和活化应逐步从传统的观光型消极参与过渡到节目表演型被动参与，最后过渡到大型节庆与互动参与和娱乐活动上。

（五）通过实证研究提出文旅产业数智化发展与文脉基因传承的有效对策

本书以陕西文化遗产旅游为例，通过构建文化遗产旅游地“物—场—人”“二元三维”理论框架，选取西安大明宫遗址、咸阳彬州市大佛寺石窟、汉中城固县张骞墓采集研究样本，通过 SEM 分析，得出结论：公众的活化体验质量很大程度上影响其对于遗产承载文化的认同感、自豪感和归属感，也从侧面反映出古老的传统文化，只有建立同当代人的“强联系”，才能实现真正的活化。在此基础上，本书提出促进文旅产业数智化发展与文化基因传承的具体对策，主要包括：

1. *以数智赋能文旅产业转型发展*

①以游客需求为导向，依托“大数据 +”推进智慧旅游发展；

②推进“旅游+信息”产业间融合，实现智慧旅游全覆盖；

③进一步提升文化遗产保护与利用的数字化水平；

④推动数字基础设施赋能文旅产业提升竞争力。

2. 发挥文旅产业数字化优势，弥合城乡数字鸿沟

①加快加强“农文旅”大数据智能服务平台建设，通过数字服务平台与资源整合提升信息交互的实时性、精细度与管理效能，实现信息资源一体化、一站式的共享开放和有效整合。

②利用数智化文旅产业创新发展带动低碳化消费，采用云旅游、虚拟场景体验、数字文博等零碳化旅游方式，从根本上替代传统高耗能、资源依赖型的经济发展模式，实现产业发展由资源消耗型向环境友好型的转变。

③针对广大中西部农村及偏远地区等资源禀赋优越但经济社会发展和数字化建设相对滞后地区，利用智慧文旅产业的“低门槛”优势，降低乡村数字化推广建设的难度和阻力，降低技术壁垒和认知阈限，打通数字经济建设下乡入户的“最后一公里”。

④将大量散落在乡镇各处的历史古迹、乡村习俗、民间艺术等文化遗产与非遗技艺更好地加以数字化保护和整合，打造“社区虚拟文化空间”“数字非遗体验中心”“云端民俗风情展”等多样化形式，构建符合人们现实需求的社会场景与人文环境，增强社区参与和公众参与，建立与培育良好的“居游共生”与全民共享关系，活化文旅资源价值，传承弘扬本土优秀传统文化。

⑤发挥文旅产业聚人气、高客流、重体验的产业优势特点，通过智能化特色民宿、数字文创、创意农业、养生休闲、微度假目的地等多元形式吸引年轻人回乡创业，大力支持农民工和返乡大学生运用网络和信息技术开展创业创新，并为其提供良好环境和政策扶持，推动城乡“产学研用”合作育人，吸引并留住人才。

3. 创新驱动传统文化价值传承和特色文化发掘

①重视旅游地文脉基因，注重保护文物生存土壤与文化环境，强化传

统历史文脉的挖掘、强化与良好呈现。

②科技支撑文化遗产创新化与社会化发展，科技赋能非遗旅游体验提升，推动传统文化复兴。

③激发创新思维，形成参与度更高、体验性更强的创意旅游，包括创意空间、创意景观及创意之旅等。

二、研究不足与展望

本书虽然采用定量和定性相结合的研究方法，在研究中做了大量实地调研工作，具有一定的创新之处，研究结论也具有一定的实践意义和参考价值；但仍存在着一些局限性和不足之处。

首先，随着科技的迅猛发展，尤其是人工智能等技术的飞速更新迭代，新的认知和理念，包括对于文旅产业发展、文旅资源保护和活化方面的新理论、新技术、新方法等层出不穷，现有研究成果在时效性方面存在很大挑战。在研究过程中，笔者已努力不断地丰富原有理论体系，反复调整优化原有研究框架与问题，与时俱进，在对原有假设和研究基础进行及时优化与完善的同时，又要对新事物始终保持科学审慎的态度，力求使研究具备现实可靠的理论及实践价值。然而，囿于成果发表的时间和流程，部分结论于成书之际也必然存在一定的时滞性和局限性，需要在今后的研究中不断更新与完善。

其次，书中实证研究部分，由于我国文化遗产数量众多，分布地区较为广泛，类型丰富多样，年代跨度也较为明显，因此在测试样本的遴选方面存在着一定的难度，疫情因素在一定程度上也会对实地调研产生影响。因为本书研究采用基于被访者既有经验的评价数据，根据被访者自身经历和认知感受来作答，由于新冠疫情对旅游行业的影响，很多被访者，尤其是游览者的出行范围、方式、频次和游览活动会受到一定的限制，遗产管理方和当地社区居民心态上也存在细微的变化，因此评价结果可能也会受到细微影响。随着疫情后文旅产业的回暖与新的发展，今后的研究可以拥有更为便利的调研条件，得到更为精准、平稳的测度结果。另外，在搭建文化遗产旅游地“二元三维”概念化理论模型基础上，未来研究可以采用更为多元化、定性与定量相结合的研究方法，综合扎根理论等质性研究领域方法对文化遗产的活化展开研究，进一步探究文化遗产物、场、人三者关系与互动模式，寻求遗产价值活化与传承更为科学合理的逻辑范式和议题解读。

在今后的研究中，可以充分借鉴、参考国内外相关领域（包括旅游学、管理学、社会心理学、消费者行为学、考古学、民族学及文化人类学等多学科）的最新理论成果与先进研究方法，综合运用与辩证分析，进一步深层次地结合当下热点问题，如人工智能、虚拟现实技术的突破与旅游数智化应用、新质生产力发展、国际区域合作纵深化发展等，深入分析新技术、新变化对文旅产业发展现状的影响以及新时代、新观念下文旅资源活化的更多可能性和未来发展趋势。

希望本书的研究能够起到抛砖引玉的作用，加深人们对文旅产业在数智化时代转型创新发展与传统文化保护传承的认识，为今后在更大范围内和更深层次上展开研究打下更为坚实的基础，也为我国宝贵文化资源的合理保护与永续利用，为推动中华优秀传统文脉的赓续传承，贡献更多力量，发挥更大作用。

参考文献

［1］艾菊红. 人、物与时空整合视域下的文化遗产保护:以湘西凤凰文化遗产保护与传承为例［J］. 中州学刊,2017(3):71－77.

［2］［美］B. 约瑟夫·派恩,詹姆斯·H. 吉尔摩. 体验经济［M］. 夏业良,鲁炜,等译. 北京:机械工业出版社,2002.

［3］曹新向. 体验经济时代的旅游业发展对策［J］. 西北农林科技大学学报(社会科学版),2004, 4(5):126－129.

［4］曹悦欣. 基于抖音短视频个性化推荐的“信息茧房”现象研究［D］. 南宁:广西民族大学,2023.

［5］柴焰. 关于文旅融合内在价值的审视与思考［J］. 人民论坛·学术前沿,2019(11):112－119.

［6］陈昌凤. 让算法回归人类价值观的本质［J］. 新闻与写作,2018(9):1.

［7］陈国青,任明,卫强,等. 数智赋能:信息系统研究的新跃迁［J］. 管理世界,2022,38(1):180－196.

［8］陈琳琳,徐金海,李勇坚. 数字技术赋能旅游业高质量发展的理论机理与路径探索［J］. 改革,2022,336(2):101－110.

［9］陈潭,王鹏. 信息鸿沟与数字乡村建设的实践症候［J］. 电子政务,2020(12):2－12.

［10］陈怡宁,李刚. 空间生产视角下的文化和旅游关系探讨:以英国博物馆为例［J］. 旅游学刊,2019,34(4):11－12.

［11］程士安,沈恩绍. 数字化时代组织传播理论的解释与重构:以科技

进步与传播规律的演进为视角[J]. 新闻大学,2009(2):119 - 124.

[12] 崔凤军,徐鹏,陈旭峰. 文旅融合高质量发展研究:基于机构改革视角的分析[J]. 治理研究,2020,36(6):98 - 104.

[13] 戴斌. 数字时代文旅融合新格局的塑造与建构[J]. 人民论坛,2020,661(1):152 - 155.

[14] 戴林琳,郑超群. 传统村落地缘文化特征及其遗产活化:以京郊地区三家店村为例[J]. 中外建筑,2016(3):55 - 56.

[15] [美]戴伦·J. 蒂莫西. 文化遗产与旅游[M]. 孙业红,译. 北京:中国旅游出版社,2014.

[16] [美]戴伦·J. 蒂莫西,斯蒂芬·W. 博伊德. 遗产旅游[M]. 程尽能,译. 北京:旅游教育出版社,2007.

[17] 党红艳. 数字经济赋能旅游业转型的底层逻辑[J]. 经济问题,2023,523(3):45 - 50,121.

[18] 董志勇,李大铭,李成明. 数字乡村建设赋能乡村振兴:关键问题与优化路径[J]. 行政管理改革,2022(6):39 - 46.

[19] 杜智涛,张丹丹. 互联网内容生态:嬗变、反思与重构[J]. 青年记者,2018(16):12 - 13.

[20] 段荟,袁勇志,张海. 大数据环境下网络用户信息茧房形成机制的实证研究[J]. 情报杂志,2020,39(11):158 - 164.

[21] 范周, 言唱. 大运河文化活化利用的协同创新网络构建研究[J]. 同济大学学报(社会科学版),2020, 31(1): 29 - 39,59.

[22] 冯朝睿,徐宏宁. 当前数字乡村建设的实践困境与突破路径[J]. 云南师范大学学报(哲学社会科学版),2021(5):93 - 102.

[23] 高楠,马耀峰,张春晖. 中国丝绸之路经济带旅游产业与区域经济的时空耦合分异:基于九省区市 1993—2012 年面板数据[J]. 经济管理,2015,37(9):111 - 120.

[24] 关巧玉,罗芬. 文化遗产旅游中游客的真实性感知对怀旧心理的影响[J]. 企业经济,2017,36(5):124 - 129.

[25] 郭蓉．算法推荐类短视频平台的信息茧房效应实证研究[D]．济南：山东大学，2023.

[26] 贺鼎，王子瑜，张杰，等．北京明长城遗产空间分布特征及其影响因素研究[J]．干旱区资源与环境，2022，36(4)：184－191.

[27] 胡海燕，经渊．文旅融合的数字化变革：基于国际视野的文献回顾[J]．图书馆学研究，2021(22)：2－8.

[28] 胡键．全球数字治理的内涵、价值取向及其面临的困境[J]．西北师范大学学报(社会科学版)，2024，61(1)：5－14.

[29] 黄鹂．旅游体验与景区开发模式[J]．兰州大学学报(社会科学版)，2004，32(6)：104－108.

[30] 贾鸿雁，张天来．中华文化遗产概览[M]．南京：东南大学出版社，2015.

[31] 江娟丽．我国大学生旅游从众行为的实证研究[J]．云南民族大学学报(哲学社会科学版)，2008(2)：70－73.

[32] 姜岩，靳见美．虚拟社区意见领袖的角色差异及对企业营销的启示[J]．广东商学院学报，2012，27(2)：23－30.

[33] [美]凯斯·R. 桑斯坦．信息乌托邦：众人如何生产知识[M]．毕竞悦，译．北京：法律出版社，2008.

[34] 李德顺．简论人类活动的价值原理[J]．北方论丛，2017(4)：1－8.

[35] 李凤亮，古珍晶．"双碳"视野下中国文化产业高质量发展的机遇、路径与价值[J]．上海师范大学学报(哲学社会科学版)，2021，50(6)：79－87.

[36] 李江敏，赵青青，陈静．长江经济带非物质文化遗产空间分布特征与影响因素[J]．经济地理，2020，40(12)：191－198.

[37] 李丽云，于翠凤，肖黎明．我国低碳旅游与文化产业融合发展水平测度[J]．科技创业月刊，2021，34(2)：109－113.

[38] 李先跃．中国文化产业与旅游产业融合研究进展及趋势：基于Citespace计量分析[J]．经济地理，2019，39(12)：212－220，229.

[39] 厉新建,宋昌耀,殷婷婷. 高质量文旅融合发展的学术再思考:难点和路径[J]. 旅游学刊, 2022,37(2):5-6.

[40] 李彦均. 抖音 App 使用与满足研究[D]. 湘潭:湘潭大学,2020.

[41] 李云峰."认知"与"体验":世界及人生的两种把握方式[J].云南师范大学学报,2004,36 (3):106-110.

[42] 梁玲玲,李烨,陈松. 数智赋能对企业开放式创新的影响:数智双元能力和资源复合效率的中介作用[J]. 技术经济,2022,41(6):59-69.

[43] 廖圣清,程俊超,于建娉. 网络新闻回帖中的受众互动与群体极化:以情绪为中介变量[J]. 国际新闻界,2023,45(9):91-117.

[44] 林炳坤.乡村振兴背景下我国数字乡村建设存在的问题及对策[J].乡村科技,2022(16):23-26.

[45] 蔺国伟,白凯. 网络口碑对潜在赴藏旅游者从众行为的影响[J]. 人文地理,2015,30(6):138-145.

[46] 刘慧悦. 旅游者网络信息需求与景区游客量的关联性研究:以四川九寨沟为例[J]. 情报科学,2017,35(7):39-43,69.

[47] 刘利,成栋,苏欣. 意见领袖对旅游虚拟社区参与行为影响的实证研究:以大学生为例[J]. 旅游学刊,2018,33(9):83-93.

[48] 刘娓,林兴发. 算法推荐对大众认知构建的挑战及对策[J]. 改革与开放,2022(16):37-41.

[49] 刘茜,汤清扬,闵勇,等. 新闻推荐必然导致"茧房"效应吗?——基于模拟新闻平台的实验研究[J]. 新闻大学,2023(2):28-43,118.

[50] 刘艳,段清波.文化遗产价值体系研究[J].西北大学学报,2016,46(1):23-27.

[51] 刘英.遗产廊道背景下丝绸之路经济带旅游一体化创新[J].甘肃社会科学,2016(5):218-222.

[52] 刘渊.数字乡村建设的原则、问题及路径:以西部欠发达地区为例[J].理论视野,2023(2):68-73.

[53] 龙江智.从体验视角看旅游的本质及旅游学科体系的构建[J].旅

游学刊,2005（1）:21 –26.

[54] 罗昕,肖恬. 范式转型:算法时代把关理论的结构性考察[J]. 新闻界,2019(3):10 –19.

[55] 马东艳. 文化原真性、地方依恋与旅游支持度的关系:基于民族旅游村寨居民视角的实证研究[J]. 社会科学家,2020(7):51 –56.

[56] 马凌. 节庆旅游中的阈限体验:日常世界与旅游世界——以西双版纳傣族泼水节为例[J]. 学术研究,2010(11):94 –99.

[57] 马凌,朱竑. 旅游研究中建构主义方法论的合法性基础及其方法应用:兼议旅游世界的本质[J]. 旅游学刊,2015,30(7):100 –107.

[58] 马晓,周学鹰. 兼收并蓄、融贯中西:活化的历史文化遗产之一·翁丁村大寨与白川村荻町[J]. 建筑与文化, 2013(12):138 –143.

[59] 马耀峰,刘军胜. 中国丝绸之路世界遗产旅游发展战略研究[J]. 陕西师范大学学报(自然科学版),2015,43(6):71 –76.

[60] 马勇,童昀. 从区域到场域:文化和旅游关系的再认识[J]. 旅游学刊,2019,34(4):7 –9.

[61] 马跃如,余航海."互联网 +"背景下社群旅游的兴起、特征与商业模式构建[J]. 经济地理,2018,38(4):193 –199.

[62] 孟姝芳. 媒介与目的:文化遗产活化与现代民族国家的身份认同[J]. 社会科学论坛,2020(5):178 –187.

[63] 彭国超,程晓. 热点事件中社交媒体群体极化形成机理研究[J]. 信息资源管理学报,2023,13(2):42 –52.

[64] 权东计. 论大遗址保护规划编制中的六个关键问题[A]//中国城市规划学会. 城市规划和科学发展:2009 中国城市规划年会论文集[C]. 中国城市规划学会:中国城市规划学会,2009:9.

[65] 任洁."双碳"目标下的旅游业高质量发展[J]. 旅游学刊,2022,37(5):12 –13.

[66] 任秋菊,赵昕,韩毅. 用户视角下信息茧房的成因分析[J]. 图书情报工作,2021,65(1): 120 –127.

［67］沈费伟，叶温馨．数字乡村建设：实现高质量乡村振兴的策略选择［J］．南京农业大学学报（社会科学版），2021（5）：41－53.

［68］生延超，钟志平．旅游产业与区域经济的耦合协调度研究：以湖南省为例［J］．旅游学刊，2009，24（8）：23－29.

［69］时朋飞，曹钰晗，龙荟冰，等．我国旅游业高质量发展水平测度、空间分异及障碍因子诊断［J］．经济地理，2023，43（2）：201－210.

［70］宋书楠，敖思男．从众还是认同：关于大学生旅游打卡行为与心理的调查研究［J/OL］．长江师范学院学报，2024：1－11［2024－01－31］．http://kns.cnki.net/kcms/detail/50.1195.z.20230329.1612.004.html.

［71］宋奕．"世界文化遗产"40年：由"物"到"人"再到"整合"的轨迹［J］．西南民族大学学报（人文社会科学版），2012，33（10）：15－21.

［72］宋奕．后现代理论观照下的人类学与文化遗产民族志的理论导向［J］．西南民族大学学报（人文社会科学版），2016，37（3）：13－17.

［73］苏卉．文化遗产资源"活化"的动因及策略研究［J］．资源开发与市场，2018，34（1）：99－102.

［74］苏勤．旅游者类型及其体验质量研究：以周庄为例［J］．地理科学，2004，24（4）：506－511.

［75］苏杨，张颖岚．中国文化遗产事业发展报告（2018～2019）［M］．北京：社会科学文献出版社，2020.

［76］孙剑锋，李世泰，纪晓萌，等．山东省文化资源与旅游产业协调发展评价与优化［J］．经济地理，2019，39（8）：207－215.

［77］田彩云，裴正兵．文化遗产地游客感知价值、满意与忠诚的关系研究：基于北京圆明园的实证分析［J］．干旱区资源与环境，2021，35（2）：203－208.

［78］田磊，孙凤芝，张淑娴．黄河流域非物质文化遗产空间分布特征及影响因素［J］．干旱区资源与环境，2022，36（5）：186－192.

［79］万震，邹凯，张艳丰，等．基于ISM－MICMAC的移动社交媒体倦怠影响因素与关联路径研究［J］．信息资源管理学报，2022，12（1）：46－55.

[80] 王春兰. 新闻客户端个性化推荐机制下的“信息茧房”效应检视[D]. 武汉:华中科技大学,2018.

[81] 王会战. 多重博弈下的文化遗产地资源管理[J]. 苏州教育学院学报,2015,32(1):53-56.

[82] 王会战. 文化遗产地社区旅游增权研究[D]. 西安:西北大学,2015.

[83] 王会战,李树民. 文化遗产保护思想的起源与发展[J]. 西北大学学报(哲学社会科学版),2014,44(5):161-166.

[84] 王会战,李树民,林雨萌. 文化遗产地社区居民旅游增权感知差异与对策:以兵马俑景区周边社区为例[J]. 中国旅游评论,2016(4):65-81.

[85] 王婧,吴承照. 遗产旅游真实性感知测量方法研究进展[J]. 现代城市研究,2014(2):110-114.

[86] 王巨山. 中国文化遗产保护与发展实践[M]. 沈阳:辽宁教育出版社,2016.

[87] 王天民,郑丽丽. 智能思政“信息茧房”的生成机理与治理路径[J]. 贵州师范大学学报(社会科学版),2023(5):30-42.

[88] 王希辉,杨鹏. 回顾与反思:我国文化资源保护与开发研究三十年[J]. 湖北民族学院学报(哲学社会科学版),2018,36(6):77-81.

[89] 王晓梅,邹统钎. 国外遗产旅游资源管理研究进展[J]. 资源科学,2013(12):2334-2343.

[90] 王新荣. 古迹“活化”,让静态文化遗产“枯木逢春”[N]. 中国艺术报,2012-06-29(1).

[91] 王益成,王萍,贾琼. 基于中医临床理论的内容智能分发平台“信息茧房”系统量化模型研究[J]. 现代情报,2018,38(9):36-40.

[92] 王曰影. 数智化赋能旅游业高质量发展的作用机理与实施方略[J]. 价格理论与实践,2022, 460(10):179-182,215.

[93] 王兆峰,陈勤昌. 长征红色非物质文化遗产:内涵特质、传承挑战与活化路径[J]. 旅游学刊,2023,38(6):28-39.

[94] 王铮,李山. 论旅游区的文脉[J]. 地域研究与开发,2004,23(6):65-68.

[95] 文彤,郭强,邱以澄. 旅游虚拟社区中意见领袖的网络权力特征及形成机制:以去哪儿网为例[J]. 旅游学刊,2022,37(4):39-51.

[96] 吴必虎,王梦婷. 遗产活化、原址价值与呈现方式[J]. 旅游学刊,2018(9):3-5.

[97] 吴丽,梁皓,虞华君,等. 中国文化和旅游融合发展空间分异及驱动因素[J]. 经济地理, 2021,41(2):214-221.

[98] 吴兴帜,彭博. 论价值链与非物质文化遗产多重存续形态:以彝族阿细跳月舞蹈为例[J]. 北京舞蹈学院学报,2020(4):58-64.

[99] 吴承照,王婧. 游客真实性感知与文化遗产资源持续利用策略研究[J]. 城市规划学刊,2012(4):98-104.

[100] 吴文智,庄志民. 体验经济时代下旅游产品的设计与创新:以古村落旅游产品体验化开发为例[J]. 旅游学刊,2003,18(6):66-70.

[101] 解学芳,雷文宣."智能+"时代中国式数字文旅产业高质量发展图景与模式研究[J]. 苏州大学学报(哲学社会科学版),2023,44(2):171-179.

[102] 谢彦君. 论旅游的本质与特征[J]. 旅游学刊,1998(4):41-44.

[103] 谢彦君. 旅游体验研究:一种现象学的视角[M]. 天津:南开大学出版社,2005.

[104] 谢彦君. 旅游体验:旅游世界的硬核[J]. 桂林旅游高等专科学校学报,2005,16(6):5-9.

[105] 谢彦君,吴凯. 期望与感受:旅游体验质量的交互模型[J]. 旅游科学,2000(2):1-4.

[106] 谢彦君,谢中田. 现象世界的旅游体验:旅游世界与生活世界[J]. 旅游学刊,2006,21(4):13-18.

[107] 谢彦君,徐英. 旅游体验共睦态:一个情境机制的多维类属分析[J]. 经济管理,2016(8):149-159.

[108] 熊正贤. 文旅融合的特征分析与实践路径研究:以重庆涪陵为例[J]. 长江师范学院学报,2017,33(6):38-45,141.

[109] 许春晓,胡婷. 大湘西地区文化与旅游融合潜力及其空间分异[J]. 经济地理,2018, 38(5):208-216.

[110] 徐伟,李耀. 古村落旅游真实性感知的指标构建及评价:基于皖南古村落的实证数据[J]. 人文地理,2012,27(3):98-102.

[111] 徐翔. 社交网络意见领袖"标准化"效应与路径:基于新浪微博的用户样本分析[J]. 华中科技大学学报(社会科学版),2023,37(2):108-118

[112] 徐雨利,龙花楼,李振亭. 基于扩展计划行为理论的乡村旅游经营者从众行为研究:西安市上王村实证[J]. 中国生态旅游,2022,12(3):490-503.

[113] 宣朝庆,王雪纯. 数字乡村建设中的社会资本赋能机制:基于德国、加拿大等国应对数字鸿沟经验的讨论[J]. 福建论坛(人文社会科学版),2023(3):100-110.

[114] 薛岚,吴必虎,齐莉娜. 中国世界遗产的价值转变和传播理念的引出[J]. 经济地理,2010(5):844-848,870.

[115] 鄢方卫,舒伯阳,赵昕,等. 世俗体验还是精神追求?——消费主义背景下网红打卡旅游的归因研究[J]. 旅游学刊,2022,37(6):94-105.

[116] 杨芳芳,宋雪雁. 自媒体平台信息传播中信息茧房形成的演化博弈研究[J]. 情报科学,2023,41(12):48-56.

[117] 杨振之. 全球化背景下旅游业的发展与民族文化的振兴[J]. 旅游学刊,2009,24(8):7-8.

[118] 杨振之,邹积艺. 旅游的"符号化"与符号化旅游:对旅游及旅游开发的符号学审视[J]. 旅游学刊,2006(5):75-79.

[119] 姚宏,李晓英. 基于游客感知的世界文化遗产地差异化开发:以敦煌莫高窟为例[J]. 资源开发与市场,2015,31(10):1254-1258.

[120] 衣保中,李铭洋. 中国旅游产业与区域经济发展耦合协调关系研

究[J]. 社会科学战线,2021(9):255 - 260.

[121] 喻国明,方可人. 算法型内容推送会导致信息茧房吗? ——基于媒介多样性和信源信任的一项实证分析[J]. 山东社会科学,2020(11):170 - 174,169.

[122] 喻学才. 遗产活化论[J]. 旅游学刊,2010(4):6 - 7.

[123] 袁超,孔翔,陈品宇. 建构主义下传统村落旅游者原真性体验研究——以呈坎村为例[J]. 旅游学刊,2023,38(05):115 - 126.

[124] 袁青霞. "共睦态"视角下的黎里古镇体验旅游开发研究[D]. 苏州:苏州大学,2015.

[125] 张爱英,山西省数字乡村建设的发展困境及优化策略[J]. 经济师,2022(5):14 - 16.

[126] 张朝枝. 文化与旅游何以融合:基于身份认同的视角[J]. 南京社会科学,2018(12):162 - 166.

[127] 张朝枝, 保继刚. 国外遗产旅游与遗产管理研究:综述与启示[J]. 旅游科学, 2004, 4(18): 7 - 16.

[128] 张朝枝,杨继荣. 建构与协商:文化遗产与旅游的关系再认识[J]. 旅游学刊,2022,37(11):75 - 84.

[129] 张朝枝,朱敏敏. 文化和旅游融合:多层次关系内涵、挑战与践行路径[J]. 旅游学刊, 2020,35(3):62 - 71.

[130] 张胜冰. 文旅深度融合的内在机理、基本模式与产业开发逻辑[J]. 中国石油大学学报(社会科学版), 2019,35(5): 94 - 99.

[131] 赵成伟,许竹青. 高质量发展视域下数字乡村建设的机理、问题与策略[J]. 求是学刊,2021(5):44 - 52.

[132] 章采烈. 论旅游文化是旅游业发展的灵魂[J]. 上海大学学报(社会科学版), 1994(1):70 - 74.

[133] 张成渝.《世界遗产公约》中两个重要概念的解析与引申:论世界遗产的"真实性"和"完整性"[J]. 北京大学学报(自然科学版),2004(1):129 - 138.

[134] 张海．大数据环境下用户信息回音行为影响因素研究[J]．图书馆工作与研究,2020(4):5－13.

[135] 张海,徐红昌．S－O－R 理论视角下网络用户信息茧房成因要素研究[J]．新世纪图书馆,2022(12):15－22.

[136] 张环宙．河兮,斯水:基于杭州案例群的大运河遗产价值分析和旅游规划研究[M]．北京:中华书局,2010.

[137] 张建忠,孙根年.遗址公园:文化遗产体验旅游开发的新业态——以西安三大遗址公园为例[J].人文地理,2012(1):142－146.

[138] 张荣光,廖治学,骆毓燕．基于 SEM 的游客需求要素分层与满意度关系研究:以九寨沟景区为例[J]．西南民族大学学报(人文社会科学版),2012,33(10):142－146.

[139] 张音．打破“信息茧房”,压实媒体担当[J]．青年记者,2017(6):4.

[140] 张映秋,李静文．基于遗产活化对丽江古城的剖析[J]．旅游纵览(下半月),2014(22): 170－ 171.

[141] 张佑印,徐珩．同侪视域下 Z 世代女性大学生毕业旅游从众行为特征及机理研究[J]．旅游论坛,2023,16(3):95－104.

[142] 张玥,庄碧琛,李青宇,等．同质化困境:信息茧房概念解析与理论框架构建[J]．中国图书馆学报,2023,49(3):107－122.

[143] 赵红梅.也谈“communitas”人类学视野下的一种旅游体验[J].思想战线,2008(34):44－48.

[144] 赵刘,程琦,周武忠.现象学视角下旅游体验的本体描述与意向构造[J].旅游学刊,2013,28(10):97－106.

[145] 郑航．被夸大的技术性风险:一项关于信息茧房的实证研究[D].济南:山东大学,2022.

[146] 郑满宁,李彪．舆情治理视阈下社交网络中的信息茧房现象与破茧之道[J]．西南民族大学学报(人文社会科学版),2022,43(4):140－144.

[147] 周锦,王廷信．数字经济下城市文化旅游融合发展模式和路径研

究[J]. 江苏社会科学,2021,318(5):70 - 77.

[148] 周敏,郅慧. 感知信息过载对社交媒体用户隐私披露意愿影响的实验研究[J]. 新闻大学,2023(5):12 - 28,118 - 119.

[149] 朱红涛,李姝熹. 信息茧房研究综述[J]. 图书情报工作,2021,65(18):141 - 149.

[150] 庄慧敏,韩越. 乡村振兴过程中我国数字乡村建设面临的问题及对策[J]. 现代化农业,2023(11):66 - 70.

[151] 邹统钎. 国家文化公园的整体性保护与融合性发展[J]. 探索与争鸣,2022,392(6):8 - 11.

[152] 邹统钎,江璐虹,唐承财. 基于层次分析法的遗产地旅游智慧化建设评价指标体系研究[J]. 遗产与保护研究,2016,1(4):43 - 48.

[153] 邹统钎,仇瑞. 国家文化公园整体性保护思想诠释与路径探索[J]. 民俗研究,2023,167(1):59 - 68,157 - 158.

[154] ALBERTS H, HAZEN H. Maintaining authenticity and integrity at cultural world heritage sites[J]. The Geographical Review, 2010(1):56 - 73.

[155] ALONSO A D, O'NEILL M A, KIM K. In search of authenticity: A case examination of the transformation of Alabama's Langdale Cotton Mill into an industrial heritage tourism attraction[J]. Journal of Heritage Tourism, 2010,5(1):33 - 48.

[156] ALRAOUF A. Regenerating urban traditions in Bahrain. Learning from Bab - Al - Bahrain: The authentic fake[J]. Journal of Tourism and Cultural Change, 2010,8(1): 50 - 68.

[157] ANDREA U, DAVIDE C, VITTORIO C, et al. The role of digital technologies in open innovation processes: An exploratory multiple case study analysis[J]. R&D Management,2020,50(1):136 - 160.

[158] ANDRIOT K. Genres of heritage authenticity: Denotations from a Pilgrimage Landscape [J]. Annals of Tourism Research, 2011, 38 (4): 1613 - 1633.

[159] ARAMBERRI J. The host should get lost: Paradigms in the Tourism Theory[J]. Annals of Tourism Research, 2001, 28, (3):738 – 761.

[160] ARAOZ. Conservation philosophy and its development: Changing understandings of authenticity and significance[J]. Heritage & Society, 2013, 6 (2):144 – 154.

[161] ARI L L, MITTELBERG D. Between authenticity and ethnicity: Heritage tourism and re – ethnification among diaspora jewish youth[J]. Journal of Heritage Tourism, 2008, 3(2): 79 – 103.

[162] ASCH S E. Effects of group pressure upon the modification and distortion of judgments[M]. Pittsburgh: Carnegie Press, 1951.

[163] BELHASSEN Y, CATON K, STEWART W. The search for authenticity in the pilgrim experience[J]. Annals of Tourism Research, 2008, 35(3): 668 – 689.

[164] BERG S. Fairsted: Documenting and preserving a historic landscape [J]. APT Bulletin, 1988, 20(1): 40 – 49.

[165] BOBOT L. Negotiating authenticity: Cathar heritage tourism[J]. Journal of Heritage Tourism, 2012, 7 (2): 163 – 177.

[166] BOCCARDI. Authenticity in the heritage context: A reflection beyond the nara Document[J]. The Historic Environment: Policy & Practice, 2019, 10(1):4 – 18.

[167] BOORSTIN D J. The Image: A guide to Pseudo – Events in America [M]. New York: Atheneum, 1964.

[168] BORGESIUS F J, TRILLING D, MOLLER J, et al. Should we worry about filter bubble? [J]. Internet Policy Review, 2016, 5(1):1 – 16.

[169] BRUCE H, TONY G. The precinct experience: A phenomenological approach[J]. Tourism Management, 2005, 26(4):517 – 528.

[170] BRUNER E. Tourism, creativity, and authenticity[J]. Studies in Symbolic Interaction, 1989, 10(109): 14.

[171] BRUNER E. Abraham LINcoln as authentic reproduction: A critique of postmodernism[J]. American Anthropologist, 1994(96): 397 -415.

[172] BRUNER E. Abraham Lincoln as authentic reproduction culture on tour[M]. Chicago: University of Chicago Press, 2005:145 - 168.

[173] BUCHMANN A, MOORE K, FISHER D. Experiencing film tourism: Authenticity and fellowship[J]. Annals of Tourism Research, 2010,37(1): 229 -248.

[174] BUDRUK M, WHITE D, WODRICH J, et al. Connecting visitors to people and place: Visitors' perceptions of authenticity at Canyon de Chelly National Monument, Arizona[J]. Journal of Heritage Tourism, 2008, 3(3): 185 -202.

[175] BUHALIS D. Marketing the competitive destination of the future [J]. Tourism Management,2000,21(1):97 -116.

[176] BURTENSHAW D, BATEMAN M. The European city[M]. London: David Fulton Publishers, 1991.

[177] CHHETRIA P, ARROWSMITHA C, JACKSON M. Determining hiking experiences in nature - based tourist destinations[J]. Tourism Management, 2004 (25):31 -43.

[178] CLAVIR M. Preserving conceptual integrity: Ethics and the theory in preventive conservation[M]. London: The International, Institute for Conservation of Historic and Artistic Works, 1994.

[179] CLAVIR M. The conceptual integrity of conservation in museums [J]. Muse, 1994,12(3): 30 -34.

[180] CINELLI M, DE FRANCISCI MORALES G, et al. The echo chamber effect on social media[J]. Proceedings of The National Academy of Sciences, 2021, 118(9):1 -8.

[181] COHEN E. Towards a sociology of international tourism[J]. Social Research, 1972, 39(1):164 -182.

[182] COHEN E. A Phenomenology of tourism experiences[J]. The Journal of The British Sociological Association, 1979:179 -201.

[183] COHEN E. Rethinking the sociology of tourism[J]. Annals of Tourism Research, 1979,6(18):35.

[184] COHEN E. Tourism as play[J]. Religion, 1985(15):291 -304.

[185] COHEN E. Authenticity and commoditization in tourism[J]. Annals of Tourism Research, 1988,15(3):371 -386.

[186] COHEN E. Authenticity, equity and sustainability in tourism[J]. Journal of Sustainable Tourism, 2002,10(4):267 -276.

[187] COHEN E. "Authenticity" in tourism studies[J]. Tourism Recreation Research, 2007, 32(2):75 -82.

[188] COHEN E,COHEN S A. Authenticity: Hot and cool[J]. Annals of Tourism Research, 2012, 39(3): 1295 -1314.

[189] COOPER D E. Authenticity and learning[M]. London:Routledge & Kegan Paul, 1983.

[190] CRANG M. Magic kingdom or a Quixotic quest for authenticity?[J]. Annals of Tourism Research, 1996,23(2): 415 -431.

[191] CROMPTON J L. Motications for pleasure vocation[J]. Annals of Tourism Research, 1979, 6(4):408 -424.

[192] CSIKSZENTMIHALYI M,CSIKSZENTMIHALYI I S. Optimal experience:Psychological studies of flows of Consciousness[M]. New York: Cambridge University Press, 1988.

[193] CSIKSZENTMIHALYI M. Beyond boredom and anxiety[M]. San Francisco: Jossey -Bass Press, 1975.

[194] CSIKSZENTMIHALYI M. Flow: The psychology of optimal experience[M]. New York: Harper & Raw Publishers, 1991.

[195] CSIKSZENTMIHALYI M, LEFEVRE J. Optimal experience in work and Leisure[J]. Journal of Personality and Social Psychology, 1989, 56(5):

815 – 822.

[196] DANIEL Y P. Tourism dance performances: Authenticity and creativity [J]. Annals of Tourism Research, 1996(23):780 – 797.

[197] DANN G. Tourism motivations: An appraisal [J]. Annals of Tourism Research, 1981, 8(2):187 – 219.

[198] DAVID B. Antecedent of consumer satisfaction and dissatisfaction (CS/D) on long – haul inclusive tours: A reality check on theoretical considerations [J]. Tourism Management, 2001(22): 49 – 61.

[199] DAVIDOFF L. Introduction to psychology [M]. New York: McGraw – Hill Inc., 1987.

[200] DEACON S. Authenticity, value and community involvement in heritage management under the World Heritage and Intangible Heritage Conventions [J]. Heritage & Society, 2013, 6(2):129 – 143.

[201] DEUTSCH M, GERARD H B. A study of normative and informational social influences upon individual judgment[J]. The Journal of Abnormal and Social Psychology, 1955, 51(3):629 – 636.

[202] DIANNE D. Destination place planning and design[J]. Annals of Tourism Research, 1999, 26(4):773 – 786.

[203] DOUGLAS G P. Analyzing the demand for urban tourism: Issues and examples from Paris [J]. Tourism Analysis, 1996(1):5 – 18.

[204] DOUGLAS G P. Tourism in Paris: Structure and functions[J]. Tourism Management, 1998, 19(1):49 – 65.

[205] DOUGLAS C P. Tourism in Paris: Studies at the microscale [J]. Annals of Tourism Research, 1999, 26(1):84 – 88.

[206] DOUGLAS G P. An integrative framework for urban tourism research [J]. Annals of Tourism Research, 2001, 28(4):62 – 67.

[207] DUBOIS E, BLANK G. The echo chamber is overstated: The moderating effect of political interest and diverse media[J]. Information Communica-

tion and Society,2018,21(5):729 – 745.

[208] DWAYNE A,JOHN L C. Quality, satisfaction and behavioral intentions[J]. Annals of Tourism Research, 2000, 27(3):785 – 804.

[209] EHRENTRANT A. Heritage authenticity and domestic tourism in Japan[J]. Annals of Tourism Research, 1993,20: 262 – 278.

[210] EKINCI Y. Validating quality dimensions [J]. Annals of Tourism Research, 2001, 28(1):202 – 223.

[211] ENRIQUE M,ISABEL S. Tourism image, evaluation variables and after purchase behaviour: Inter – relationship[J]. Tourism Management, 2001 (22): 607 – 616.

[212] EUNKYUNG P,BYOUNG – KIL C,TIMOTHY J L. The role and dimensions of authenticity in heritage tourism[J]. Tourism Management,2019 (74):99 – 109.

[213] FARRELLY F, KOCK F, JOSIASSEN A. Cultural heritage authenticity: A producer view[J]. Annals of Tourism Research, 2019(79):102770.

[214] FLAXMAN S, GOEL S, RAO J. Filter bubbles, echo chambers, and online news consumption[J]. Social Science Electronic Publishing,2016,80 (1):298 – 320.

[215] FORNELL C, LARCKER D F. Evaluation structural equation models with unobservable variables and measurement error[J]. Journal of Marketing Research,1981, 18(1):39 – 50.

[216] GETZ, D. Planning for tourism business districts[J]. Annals of Tourism Research,1993(20):583 – 600.

[217] GILLIS J R. Commemorations – the Politics of National Identity [M]. Princeton: Princeton University Press, 1994.

[218] GNOTH J. Tourism motivation and expectation formation[J]. Annals of Tourism Research, 1997, 24(2):283 – 305.

[219] GOELDNER C, MCINTOSH R. Tourism: Principles, practices,

philosophies[M]. Hoboken: John Wiley & Sons Inc. , 2000.

[220] GOFFMAN E. The presentation of self in everyday life[M]. New York: Doubleday & Company Inc. , 1959:144 – 145.

[221] GORDON W. Consuming heritage perceived historical authenticity [J]. Annals of Tourism Research, 2000(27):835 – 862.

[222] GRABURN N. The anthropology of tourism[J]. Annals of Tourism, 1983,10(1): 14.

[223] GRIFFIN T, HUYSKENS M. Urban tourism: A review and annotated bibliography[M]. Sydney: University of Technology, 2000.

[224] HAGEN J. Rebuilding the middle ages after the second world war: The cultural politics of reconstruction in rothenburg ob der tauber, Germany[J]. Journal of Historical Geography, 2005,31(1):94 – 112.

[225] HANDLER R, SAXTON W. Dissimulation: Reflexivity, narrative, and the quest for authenticity in "Living History"[J]. Cultural Anthropology, 1988(3):242 – 260.

[226] HARKIN M. Modernist anthropology and tourism of the authentic [J]. Annals of Tourism Research, 1995(22):650 – 670.

[227] HUGHES G. The cultural construction of sustainable tourism[J]. Tourism Management, 1995(16): 49 – 60.

[228] HUGHES M, CARLSEN J. The business of cultural heritage tourism: Critical success factors[J]. Journal of Heritage Tourism, 2010,5(1):17 – 32.

[229] ICOMOS(International Council on Monuments and Sites). The venice charter: International charter for the conservation and restoration of monuments and sites[EB/OL]. [2023 – 08 – 09]. https://www.icomos.org/venice-charter2004/index.html, 2005 – 7 – 6/2020 – 7 – 5.

[230] IGHALO M O. The changing concept of advertising and promotional technology[J]. Journal of Communication, 2014,5(1):63 – 67.

[231] IVANOV S H, WEBSTER C. Adoption of robots, artificial intelligence

and service automation by travel, tourism and hospitality companies – a cost – benefit analysis[EB/OL]. [2023 – 08 – 09]. 补充网址

[232] JACKSON M S. Tourism experience within an attributional framework[J]. Annals of Tourism Research, 1996, 23(4):798 – 810.

[233] JAMAL T, HILL S. Developing a framework for indicators of authenticity: The place and space of cultural and heritage tourism[J]. Asia Pacific Journal of Tourism Research, 2004, 9(4): 353 – 372.

[234] JANSEN, V. Inner – city tourism, resource, tourist and promoters [J]. Annals of Tourism Resesarch, 1986(13):79 – 100.

[235] JOAR V, MARIT V. Tourism experience and attractions[J]. Annals of Tourism Research, 2000, 27(2): 432 – 450.

[236] JOKILEHTO J. Authenticity in restoration principles and practices [J]. Bulletin of The Association for Preservation Technology, 1985, 17(3): 5 – 11.

[237] JOKILEHTO J. The complexity of authenticity[C]//In Conference on Authenticity in Relation to The World Heritage Convention. Preparatory Workshop, Bergen, Norway, 1994.

[238] JOKILEHTO J. Considerations on authenticity and integrity in world heritage context[J]. City & Time, 2006, 2(1): 1 – 16.

[239] JUAN A, GARCÍA – ESPARZA. Are world heritage concepts of integrity and authenticity lacking in dynamism? A critical approach to mediterranean autotopic landscapes[J]. Landscape Research, 2018, 43(6):817 – 830.

[240] JUDD D R. Promoting tourism in US cities [J]. Tourism Management, 1995, 16(1): 175 – 187.

[241] KATZ J, AAKHUS M. Perpetual contact: Mobile communication, private talk, public performance [M]. Cambridge: Cambridge University Press, 2002.

[242] KEOGH B. Resident and recreationists' perceptions and attitudes

with respect to tourism development[J]. Journal of Applied Recreation Research, 1990, 15(2):71 –83.

[243] KNOX D. Spectacular tradition: Scottish folksong and authenticity [J]. Annals of Tourism Research, 2008,35(1): 255 –273.

[244] KNUDSEN A M. Waade (Eds.), re – investing authenticity: Tourism, place and emotions[M]. Bristol: Channel View Publications, 2010: 1 –19.

[245] KRIPPENDORF J. The new tourist: Turning point for leisure and travel[J], Tourism Management, 1986(6):7(2):131 –135.

[246] LABADI S. World heritage, authenticity and post – authenticity [M]//S. Labadi, and C. Long (Eds), Heritage and Globalization. London: Routledge, 2010:66 –84.

[247] LABADI S, LONG C. Heritage and globalisation[M]. London: Routledge, 2010.

[248] LANKFORD S V, HOWARD D R. Developing a tourism attitude impact scale[J]. Annals of Tourism Research, 1994(21):121 –139.

[249] LANCASTER J K. Consumer demand – a new approach[M]. New York: Columbia University Press, 1971.

[250] LARSEN K E. The test of authenticity and national heritage legislation[C]//In Proceedings of the Nara Conference on Authenticity in Relation to the World Heritage Convention. Paris: UNESCO World Heritage Centre,1995.

[251] LAU R. Revisiting authenticity:A social realist approach[J]. Annals of Tourism Research, 2010, 3(2): 478 –498.

[252] LEACH E. Rethinking anthropology [M]. London: Athlone Press, University of London, 1961.

[253] LI Y. Geographic consciousness and tourism experience[J]. Annals of Tourism Research, 2000,27(4):863 –883.

[254] LITTRELL M, ANDERSON L,BROWN P. What makes a craft sou-

venir authentic? [J]. Annals of Tourism Research, 1993,20(1): 197-215.

[255] LOWENTHAL D. Geography, experience, and imagination: Towards a geographical epistemology [J]. Annals of The Association of American Geographers, 1961:241-260.

[256] MACCANNELL D. Staged authenticity: Arrangements of social space in tourist settings [J]. American Journal of Sociology, 1973, 79(3): 589-603.

[257] MACCANNELL D. Tourist: A new theory of the leisure class [M]. New York: Schocken Books, 1976.

[258] MACCANNELL D. In hosts and guests revisited: Tourism issues of the 21st century [M]. Philadelphia: The University of Pennsylvania Press, 1989.

[259] MACCANNELL D. Empty meeting grounds: The tourist papers [M]. London: Routledge, 1992.

[260] MATT C, BENLIAN A, HESS T, et al. Escaping from the filter bubble? the effects of novelty and serendipity on user's evaluation of online recommendation [J]. Publications of Darmstadt Technical University Institute for Business Studies. ,2014, 21(3):1-19.

[261] MCINTOSH A J, PRENTICE R C. Affirming authenticity: Consuming cultural heritage [J]. Annals of Tourism Research, 1999, 26(3): 589-612.

[262] MCINTOSH A J, JOHNSON H. Exploring the nature of the Maori experience in New Zealand: Views from hosts and tourists [J]. Tourism, 2005, 52(2):117-129.

[263] MERVYN S J, GERARD N W. Tourism experiences within an attributional framework [J]. Annals of Tourism Research, 1996, 23(4):798-810.

[264] NEUMANN M. The trail through experience: Finding self in the recollection of travel [J]. In Investigating Subjectivity, Carolyn Ellis and Michaelg. Flaheriy, Eds. 1992:176-201.

[265] OLSEN K. Authenticity as a concept in tourism research[J]. Tourist Studies, 2002,2(2): 159 - 182.

[266] PAGE S. Urban tourism: Analysing and evaluating the tourist experience[M]. Cassell: Wellington House, 1997.

[267] PARK E, CHOI B K, LEE T J. The role and dimensions of authenticity in heritage tourism[J]. Tourism Management, 2019(74):99 - 109.

[268] PARRINELLO G L. Motivation and anticipation in post - industrial tourism[J]. Annals of Tourism Reseach, 1993(20):233 - 249.

[269] PEARCE P L. The social psychology of tourism behavior[M]. New York: Pergamon, 1982.

[270] PEARCE P L. Tourist behavior: Themes and conceptual schemes [M]. Clevedon: Channel View Publications, 2005.

[271] PEARCE P, MOSCARDO G. The concept of authenticity in tourist experiences[J]. The Australian and New Zealand Journal of Sociology, 1986 (22):121 - 132.

[272] PIEPER J. Leisure: The basis of culture[M]. New York: New American Library, Mentor Books, 1963.

[273] PINE Ⅱ J, GILMORE J H. Welcome to the experience economy [J]. Harvard Business Review, 1998(4):97 - 105.

[274] PINE Ⅱ J, GILMORE J H. The experience economy, work is theatre & every business a stage[M]. Boston: Harvard Business School Press, 1999.

[275] PIZAM A Y. Dimensions of tourist satisfaction within a destination area[J]. Annals of Tourism Research, 1978(5):314 - 322.

[276] POCOCK C. Authenticity in cultural heritage management and tourism[J]. Historic Environment, 2006,19(2):3 - 8.

[277] PORIA Y . Heritage site perceptions and motivations to visit[J]. Journal of Travel Research, 2006, 44(3):318 - 326.

[278] PRENTICE R C, WITT S F, HAMER C. Tourism as experience:

The case of heritage parks[J]. Annals of Tourism Research, 1998, 25(1): 1-24.

[279] QUAN S,WANG N. Towards a structural model of the tourist experience: An illustration from food experiences in tourism[J]. Tourism Management, 2004(25):297-305.

[280] REDFOOT D. Touristic authenticity, touristic angst, and modern reality[J]. Qualitative Sociology, 1984,7(4):291-309.

[281] REISINGER Y, STEINER C. Reconceptualizing object authenticity [J]. Annals of Tourism Research, 2006,33(1): 65-86.

[282] RICKLY-BOYD J. "Through the magic of authentic reproduction": Tourists' perceptions of authenticity in a pioneer village[J]. Journal of Heritage Tourism, 2012,7(2):127-144.

[283] RICHARD G. Cultural tourism in Europe[M]. Wallingford: Oxford, 1996.

[284] ROWLAND F. The filter bubble: What the internet is hiding from you[J]. Portal-libraries and The Academy,2011, 11(4):1009-1011.

[285] SALAMONE F. Authenticity in tourism: The San Angel Inns[J]. Annals of Tourism Research, 1997(24): 305-321.

[286] SAMARA D,MAGNISALISI,PERISTERAS V. Artificial intelligence and big data in tourism: A systematic literature review[J]. Journal of Hospitality and Tourism Technology,2020,11(2):343-367.

[287] SANTOS F P, LELKES Y ,LEVIN S A. Link recommendation algorithms and dynamics of polarization in online social networks[J]. Proceedings of The National Academy of Sciences,2021,118(50):1-9.

[288] SOUTO J E. Business model innovation and business concept innovation as the context of incremental innovation and radical innovation[J]. Tourism Management,2015(51):142-155.

[289] STEPHEN W. Tourism: The nature and structure of tourism[M].

London: Taylor and Francis,2004.

[290] STOVEL H. Effective use of authenticity and integrity as world heritage qualifying conditions[J]. City and Time, 2007,2(3): 21 –36.

[291] SUN H. A longitudinal study of herd behavior in the adoption and continued use of technology[J]. Mis Quarterly,2013, 37(4):1013 –1041.

[292] TASCI A D,KNUTSON B J. An argument for providing authenticity and familiarity in tourism destinations[J]. Journal of Hospitality and Leisure Marketing, 2004,11(1):85 –109.

[293] TAYLOR J. Authenticity and sincerity in tourism[J]. Annals of Tourism Research, 2001, 28(1): 7 –26.

[294] TAYLOR V. The recreational business district: A component of the East London Urban Morphology[J]. South African Research, 1975(5): 139 –144.

[295] TURNER C, MANNING P. Placing authenticity – on being a tourist: A reply to pearce and moscardo[J]. Australia and New Zealand Journal of Sociology, 1988(24):136 –139.

[296] TURNER V. The centre out there: Pilgrims' goal[J]. History of Religion, 1973(12):191 –230.

[297] TUSSYADIAH I P. Toward a theoretical foundation for experience design in tourism[J]. Journal of Travel Research,2014, 53(5):543 –564.

[298] VELLAS F, BECHEREL L. International tourism[M]. Houndsmill: Macmillan Press Limited,1995.

[299] WAITT G. Consuming heritage:Perceived historical authenticity[J]. Annals of Tourism Research, 2000, 27(4): 835 –862.

[300] WALDEN E A, BROWNE G J. Sequential adoption theory: A theory for understanding herding behavior in early adoption of novel technologies[J]. Journal of The Association for Information Systems,2009,10(1): 31 –62.

[301] WANG D,XIANG Z, FESENMAIER D R. Adapting to the mobile

world:A model of smartphone use[J]. Annals of Tourism Research,2014(48): 11 -26.

[302] WANG N. Rethinking authenticity in tourism experience[J]. Annals of Tourism Research, 1999, 26(2): 349 -370.

[303] XIE P F. Authenticating ethnic tourism[M]. Bristol: Channel View Publications, 2011.

[304] YALE P. From tourist attraction to heritage tourism[M]. Huntingdon: ELM Publications, 2004: 2.

[305] YANG L, WALL G. Authenticity in ethnic tourism: Tourists' perspectives[J]. Current Issues in Tourism, 2009,12(3):255 -274.

[306] YEORYIOS S,PANTOLEON S. Innovation strategies and technology for experience - based tourism [J]. Tourism Management, 2003, 24 (1): 35 -43.

[307] ZANCHETI S,HIDAKA L. Measuring urban heritage conservation: Theory and structure (part 1)[J]. Journal of Cultural Heritage Management and Sustainable Development, 2011,1(2): 15 -26.

[308] ZHANG P. BENJAMIN R I. Understanding information related fields: A conceptual framework[J]. Journal of The American Society for Information Science and Technology,2007, 58(13): 1934 - 1947.

[309] ZHANG S, ZHAO L, LU Y, et al. Do you get tired of socializing? An empirical explanation of discontinuous usage behaviour in social network services[J]. Information & Management,2016, 53(7): 904 -914.

[310] ZHU Y. Performing heritage: Rethinking authenticity in tourism [J]. Annals of Tourism Research,2012, 39(3):1495 -1513.